KB167321

_____학교 ____학년 ____반 _____의 책이에요.

전 세계가 인정한•우리의
세계유산

　세계유산이란, '세계유산협약'에 따라 인류 전체를 위해 보호해야 할 가치가 있다고 인정되는 세계 여러 나라의 유산 가운데 유네스코에 등록된 유산을 말해요.

　최근 전 세계적으로 자연재해나 전쟁 등으로 파괴될 위기에 처한 인류의 유산이 늘어나고 있어요. 이를 미리 방지하고 보호하고자 1978년부터 유네스코의 세계유산위원회에서는 보호해야 할 가치가 있는 유산들을 세계유산으로 지정하고 있답니다.

　인류 전체를 위해 보편적인 가치가 있다고 인정하는 유산을 중심으로 지정하다 보니, 각 나라의 문화와 역사를 대표하는 유산인 경우가 많아요. 따라서 각 나라의 세계유산을 알아보는 일은 곧 그 나라의 고유한 문화를 알 수 있는 지름길이지요.

　우리나라는 현재 석굴암과 불국사, 해인사 장경판전, 종묘, 창덕궁, 수원 화성, 경주역사유적지구, 고창·화순·강화 고인돌유적, 제주 화산섬과 용암동굴, 조선왕릉, 한국의 역사마을 : 하회와 양동, 남한산성, 백제역사유적지구와 산사 한국의 산지승원이 등재되어 있답니다. 그리고 세계기록유산으로는 훈민정음, 조선왕조실록, 직지심체요절, 승정원일기, 조선왕조의 의궤, 해인사 대장경판 및 제경판, 동의보감, 일성록, 5.18민주화운동 기록물, 난중일기, 새마을운동 기록물, 한국의 유교책판, KBS특별생방송 '이산가족을 찾습니다' 기록물, 조선왕실 어보와 어책, 국채보상운동 기록물, 조선통신사 기록물이 등재되었어요.

　또한 인류무형문화유산으로는 종묘제례 및 종묘제례악, 판소리, 강릉단오제, 강강술래, 남사당놀이, 영산재, 제주칠머리당 영등굿, 처용무, 가곡, 대목장, 매사냥, 줄타기, 택견, 한산모시짜기, 아리랑, 김장문화, 농악, 줄다리기, 제주해녀문화가 있답니다.

　이 책에서는 우리나라의 세계유산 중 하나인 《수원화성》에 대해 알아볼 거예요.

세계문화유산

종묘

수원화성

창덕궁

고창·화순·강화의 고인돌유적

석굴암과 불국사

해인사 장경판전

경주역사유적지구

백제역사유적지구

세계기록유산

조선왕조실록

승정원 일기

직지심체요절

훈민정음

조선왕조 의궤

해인사 고려대장경판과 제경판

동의보감

일성록

세계무형유산

종묘제례와 제례악

판소리

강릉단오제

세계자연유산

제주도 화산섬과 용암동굴

신나는 교과 체험학습 24

정조의 꿈이 담긴 조선 최초의 신도시 수원화성

초판 1쇄 발행 | 2006. 5. 31.
개정 3판 11쇄 발행 | 2023. 11. 10.

글 김준혁 | **그림** 양은정 이종호

발행처 김영사 | **발행인** 고세규
등록번호 제 406-2003-036호 | **등록일자** 1979. 5. 17.
주소 경기도 파주시 문발로 197(우10881)
전화 마케팅부 031-955-3100 | 편집부 031-955-3113~20 | 팩스 031-955-3111

© 김준혁, 2006

이 책의 저작권은 저자에게 있습니다. 저자와 출판사의 허락 없이 내용의 일부를 인용하거나
발췌하는 것을 금합니다.

값은 표지에 있습니다.
ISBN 978-89-349-8536-5 64000
ISBN 978-89-349-8306-4 (세트)

좋은 독자가 좋은 책을 만듭니다. 김영사는 독자 여러분의 의견에 항상 귀 기울이고 있습니다.
전자우편 book@gimmyoung.com | 홈페이지 www.gimmyoungjr.com

어린이제품 안전특별법에 의한 표시사항

제품명 도서 제조년월일 2023년 11월 10일 제조사명 김영사 주소 10881 경기도 파주시 문발로 197
전화번호 031-955-3100 제조국명 대한민국 ⚠주의 책 모서리에 찍히거나 책장에 베이지 않게 조심하세요.

정조의 꿈이 담긴 조선 최초의 신도시

수원화성

글 김준혁 그림 양은정 이종호

주니어김영사

화성이야기 **차례**

부록 : 숙제를 돕는 사진

수원화성에 가기 전에

미리 준비하세요

1. 준비물 사진기, 필기도구, 체험학습 책, 물통

2. 옷차림 화성은 수원의 팔달산과 평지에 쌓은 성곽이에요. 따라서 성곽을 따라 산을 오르고 내리는 길이 반복되어 가벼운 옷차림과 운동화를 신어야 오랫동안 다녀도 피곤하지 않아요. 특히 겨울에 화성에 가는 친구라면 옷을 따뜻하게 입어야 해요. 가방은 거추장스럽지 않은 것이 좋고, 배낭을 메는 것이 좋아요. 견학 중에 목이 마를 수도 있으니 물통을 준비하세요!

미리 알아두세요

관람일   쉬는 날이 없어요.
오전 9시~오후 6시(늦어도 5시까지는 입장하세요.)

관람료

	어른	어린이	단체
성곽	1,000원	500원	어른 700원, 어린이 300원
화성행궁	1,500원	700원	어른 1,200원, 어린이 500원
화성어차	4,000원	1,500원	어른 3,200원, 어린이 1,200원

문의   **전화** (031) 228–4672 **홈페이지** http://www.swcf.or.kr

주의할 점   5월에서 10월까지 수~일요일에는 화성행궁을 밤에도 관람할 수 있어요.(특별 야간 개장: 오후 6시~오후 10시)

주소   경기도 수원시 팔달구 정조로 825

지하철   수원역(1호선, 분당선)이나 매교역(분당선)에 내려서 버스나 택시를 이용하면 편리해요.

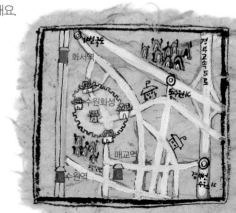

수원화성으로 가요!

　수원 시내를 가로지르며 길게 뻗어 있는 성곽이

보이지요? 바로 수원화성이에요. 수원화성은 전체

길이가 5.74킬로미터로 무척이나 긴 성곽이에요.

아마 한눈에 다 들어오지 않을 거예요.

　많은 사람들이 수원화성을 보고 우리나라 성곽의

꽃이라고 말해요. 조선 시대 제22대 왕인 정조의

명령으로 실학자인 정약용이 설계한 화성은 이전에 볼 수

없었던 최신식 기법이 아주 많아요. 성문을

보호하기 위해 만든 옹성이나 치, 공심돈 등이 이러한

특징을 잘 나타내지요. 뿐만 아니라 성곽 곳곳에 많은

시설물들은 독창적인 모양으로 하나같이 아름다워요.

성곽을 이루는 돌과 벽돌 하나하나에 정조의 효심과

백성을 사랑하는 마음이 담겨 있으며, 정약용을 비롯한

실학자들의 창조 정신이 숨 쉬고 있지요.

　자! 이제 우리의 자랑, 수원화성을 하나하나 살펴보러

출발해 볼까요?

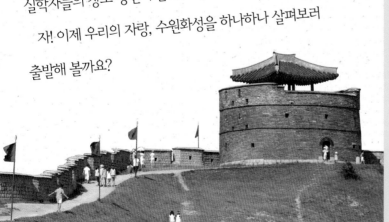

한눈에 보는 수원화성

수원화성이 한눈에 내려다보이네요. 수원화성에는 동서남북으로 네 개의 대문이 있어요. 북쪽 문이자 정문인 장안문을 비롯해 창룡문, 팔달문, 화서문이랍니다. 그 밖에도 정조가 화성에 행차했을 때 머물렀던 화성행궁도 보이네요. 웅장하면서도 각각의 아름다움을 뽐내는 수원화성을 돌아보면서 정조가 꿈꿨던 새로운 신도시의 모습을 상상해 보세요.

화서문
화성의 서쪽 대문으로 보물 403호로 지정되어 있어요.

서일치

서북각루

서포루

서이치

서노대

팔달산
화성의 중심 산으로 태조 이성계가 시 통팔달로 통한다고 지은 이름이에요.

화성열차

화령전
1801년에 건립된 정조의 초상화가 있는 곳이에요.

서포루

서장대(화성장대)

●화성매표소

화성열차 타는 곳

서삼치

서남암문 및 서남포사

화성행궁
정조가 화성 행차 시에 머물렀던 조선 시대 가장 큰 행궁이에요.

남포루

남치

서남각루(화양루)

팔달문
화성의 남쪽 대문으로 보물 402호로 지정되어 있어요.

동남각루

동삼치

수원화성에서 주의할 것!

1. 팔달산 화성장대 주위에는 계단이 많으니 넘어지지 않게 조심해요.
2. 높은 곳에 올라가서 시설물 끝으로 가면 안 돼요.
3. 다니다 지치면 화성열차를 이용하세요.
   열차가 이동할 때 함부로 타거나 옆에 가면 안 돼요.
4. 개방하지 않은 곳은 올라가면 위험해요.
5. 소중한 유적지에 낙서를 하지 않도록 해요.

서북공심돈

북포루　북서포루

북서적대

장안문
화성의 북쪽 대문으로 우리나라에서
가장 큰 성문이에요.

북동적대

● 화성매표소

화성 추천 코스를 소개해요!

첫 번째, 완벽하게 화성 보기(하루 종일 코스)
① 장안문 ⇨ 창룡문 ⇨ 팔달문 ⇨ 화서문 ⇨ 장안문 ⇨ 행궁
② 장안문 ⇨ 창룡문 ⇨ 팔달문 ⇨ 행궁 ⇨ 서장대 ⇨ 화서문
③ 행궁 ⇨ 서장대 ⇨ 화서문 ⇨ 장안문 ⇨ 창룡문 ⇨ 팔달문

두 번째, 화성 제대로 보기(하루 반나절 코스)
① 장안문 ⇨ 창룡문 ⇨ 팔달문 ⇨ 행궁
② 팔달문 ⇨ 서장대 ⇨ 행궁 ⇨ 화서문 ⇨ 장안문
③ 행궁 ⇨ 서장대 ⇨ 화서문 ⇨ 장안문 ⇨ 창룡문

세 번째, 화성 간단히 보기(두 시간 코스)
① 행궁 ⇨ 장안문 ⇨ 창룡문
② 장안문 ⇨ 행궁 ⇨ 서장대
③ 팔달문 ⇨ 서장대 ⇨ 행궁

동북각루(방화수류정)

북수문(화홍문)
　　　　　동북포루
북암문　　　(각건대)　동암문
　　　　　　　　　　　　　동장대(연무대)　동북공심돈

수원천
원래 이름은 버드내(유천)로 정조가
제방에 버드나무를 심었어요.

화성매표소

화성열차 타는 곳

동북노대

창룡문
화성의 동쪽 대문으로
1층 누각에 옹성이
있어요.

동일치　동일포루

동포루

동이치

봉돈

이포루

이렇게 보아요!
이 책은 '화성이야기'와
'화성답사' 두 개의 이야기로
구성되어 있어요.
이 책을 들고 수원화성에 가는
친구들은 우선 아랫부분의
동선을 따라 체험한 후에, 집에
돌아와 윗부분의 내용을 읽으면
이해가 잘 될 거예요.

윗부분에는 수원화성이
만들어지게 된
당시의 배경과 정조
이야기를 소개해요.

아랫부분은 실제로
수원화성을 답사할 때
체험하는 것들을
소개해요.

조선 최초의 신도시, 수원화성

이 책을 읽는 친구들 중에 신도시에 살고 있는 사람이 있을 거예요. 그 런데 여러분은 신도시가 뭔지 알고 있나요? 도시는 본래 자연적으로 만 들어져요. 살기 좋은 땅에 사람들이 모여 살면서 마을이 이루어지고 점점 도시로 성장하지요. 하지만 여러 가지 이유로 처음부터 계획적으로 도시 를 개발하기도 한답니다. 이렇게 만들어진 신도시는 생산과 유통, 소비의 기능을 골고루 갖추며, 경제적으로 독립되어 있어요.

신도시라는 개념은 1898년 영국에서 시작되었어요. 1950년경에 이르 러 영국의 신도시 개발이 높은 평가를 받자, 그 후 전 세계로 널리 퍼져 나 갔어요.

장안문에서 창룡문까지

화성에서 가장 멋지고 웅장한 곳

여러분의 눈앞에 펼쳐진 화성은 웅장하면서도 아름다운 곳이에요.
군사 시설물인 성곽을 우리 조상들은 왜 이렇게 멋지게 만들었을까요?
아름다움이 적에게 두려움을 준다는 정조의 말 때문이었을까요?
이제부터 수원화성을 돌아볼 거예요. 출발할 곳은 바로 우리나라에서 가장
큰 성문인 장안문이에요. 장안문을 지나면 화성에서 제일 경치가 좋은 화홍문과
방화수류정으로 갈 거예요. 그리고 군사 훈련을 했던 연무대도 살펴보아요.

그런데 서양보다 무려 100여 년 앞선 시기에 우리나라에 신도시가 있었다는 사실을 알고 있나요? 도읍지인 한양을 돕는 역할을 하면서 완전히 자립할 수 있는 기능까지 골고루 갖춘 신도시 말이에요. 이 신도시는 단순히 살기 좋은 도시가 아니라 치밀한 계획으로 상업과 유통이 활발한 무역 도시로서의 성격까지 갖춘 곳이었답니다. 바로 조선 시대의 신도시, 수원화성이랍니다. 정조의 꿈이 담겨 있는 수원화성으로 답사 여행을 떠나 볼까요?

이사 갈 준비를 하라

정조
조선의 제22대 왕으로
인재를 골고루 등용하
는 탕평책을 실시하고
실학을 장려해 조선 후
기 문화의 황금 시대를
만들었어요.

수원부 지도

1789년 여름, 화산(경기도 화성군 태안면) 근처 수원에 살던 사람들은 곧 팔달산 아래로 이사를 가라는 원님의 명령을 받았어요. 하늘 같은 나라님인 **정조**가 사도 세자의 무덤을 화산 근처로 옮기라는 명령을 내렸기 때문이지요. 조선 시대에는 왕과 왕비가 묻힌 '능'과 세자와 세자빈이 묻힌 '원'이 만들어지면 주위의 10리 안에 사는 백성들은 모두 이사를 가야 했어요. 존귀하신 왕의 묘소를 안전하게 지키기 위해서였어요. 이사를 가야 할 곳은 북쪽으로 10리쯤 떨어져 있었지요. 그 당시 교통의 요지였던 팔달산 동쪽 땅이었어요.

그런데 그동안 친하게 지냈던 이웃이 있고, 열심히 갈았던 논밭이 있는 고향을 버리고 이사를 가기란 말처럼 쉬운 일은 아니었을 거예요. 더군다나 뒷산 자락에는 조상들의 산소가 있었거든요.

▶▶화성의 입구, 장안문

장안문은 화성의 정문으로 '장안'은 수도를 상징하는 말이에요. 백성들을 편안하고 잘살게 해 준다는 뜻도 있답니다.

수원화성의 북쪽 문이자 화성으로 들어가는 입구란다. 팔달문과 함께 화성의 대표적인 문이지. 장안문엔 뭐가 있을까?

마을 사람들 중에는 며칠을 한숨으로 보내는 이도 있었어요. 하지만 왕의 명령이라 어쩔 수가 없었지요. 그런데 정조는 이런 백성들의 마음을 몰랐을까요?

정조는 누구보다 백성들을 위한 정치를 펼치고 싶어했던 왕이랍니다. 그러니 무턱대고 수원에 살던 사람들에게 이사 명령을 내릴 리가 없지요. 정조는 서울과 남쪽 지방 사람들 모두 다니기가 편한 팔달산 동쪽의 넓은 들판으로 수원을 통째로 옮겼어요. 그리고 그곳에 수원 사람들에게 새로운 삶의 터전을 마련해 주었답니다. 게다가 집 값과 이사 비용까지 후하게 보상해 주었어요. 이렇게 해서 이전의 수원에서 새로운 수원, 즉 화성이 건설되기 시작한 것이랍니다.

도호부에서 유수부로 격이 높아진 수원!

화산 근처에 위치했던 수원은 원래 '도호부'였어요. 그런데 1793년에 정조는 '유수부'로 승격시켰지요. 도읍지인 한양을 보호하기 위한 유수부는 4군데로 나누어져 있었어요. 북쪽으로는 개성, 동쪽으로는 광주, 서쪽으로는 강화, 남쪽으로는 화성(수원)이 있었지요. 화성은 한양 다음으로 큰 도시였어요.

조선 시대 수도 방위 체제인 유수부 네 곳

장안문이 정문인 이유는?

일반적으로 정문은 남쪽 대문인데, 화성은 왜 북쪽 대문인 장안문이 정문일까요? 그건 정조가 수원으로 행차했을 때 첫 번째로 만나는 문이 바로 장안문이기 때문이에요. 정조가 화성에 행차하면 모든 관리들이 장안문으로 가서 무릎을 꿇고 허리를 숙여 맞이하였답니다.

한국 전쟁 당시 폭격으로 부서진 장안문의 모습

❶ 옹성
성문을 보호하기 위해 항아리를 반쪽으로 자른 것 같이 둘러싼 성으로, 수원화성의 특징이에요.

❷ 오성지
물이 흘러 나가는 다섯 개의 구멍이에요. 성문에 불이 붙었을 때 불을 끄는 역할을 했어요.

❸ 현안
세로로 길게 파여진 홈으로, 뜨거운 물이나 기름을 성 밖으로 보내 적군의 접근을 막았어요.

❹ 우진각 지붕
조선 시대의 우진각 지붕은 서울의 사대문과 경복궁·창덕궁의 정문 등 특별한 곳에만 만들었어요. 화성의 장안문이 우진각 지붕이라는 것은 화성 성곽의 위상을 보여 주는 것이에요.

❺ 잡상
잡상이란 '여러 가지의 형상'을 뜻하며 왕과 관련 있는 건물에만 설치해요.

❻ 깃발
화성에 설치된 깃발은 방위에 따라 다른 색깔이에요. 좌청룡·우백호·남주작·북현무에 따라 동쪽은 청색 서쪽은 하양, 남쪽은 빨강, 북쪽은 검정이지요.

철저한 계획으로 만든 성곽

🐯 **복원**
지금의 수원화성은 화성 건축 기록인 《화성성역의궤》를 보고 1975년부터 다시 지은 것이에요.

무슨 일이든 철저한 계획을 세우면 완성도가 높기 마련이에요. 화성 역시 철저한 계획으로 만들어졌어요. 만약 대충 쌓았다면 지금의 형태로 복원도 불가능하고, 세계문화유산으로 등재되지도 않았을 거예요.

앞에서 살펴보았듯이 화성 계획을 주도한 사람은 조선의 제22대 왕인 정조예요. 그리고 정조의 명령으로 실학자인 정약용이 화성 건축 설계를 담당했어요. 그렇다고 정조와 정약용 두 사람만 화성을 쌓는 것에 대해 고민한 것은 아니에요. 화성을 쌓기 위해 오래전부터 많은 사람들이 함께 참여했답니다. 우선, 수원에 성곽을 쌓아야 한다고 처음 건의한 사람은 '강유'예요. 팔달산 일대로 수원 지역을 옮긴 다음 해인 1790년(정조 14) 6월, 강유는 수원에 성을 쌓아

▶▶아름다운 북쪽 수문, 화홍문

화성 안에는 광교산에서부터 흘러 내려오는 긴 천(川)이 있는데, 지금은 수원천이라고 불러요. 수원천의 북쪽과 남쪽 두 곳에 돌로 쌓은 수문을 만들었어요. 북쪽에 있는 수문을 '화홍문'이라고 해요. 아름다운 무지개 문이라는 뜻이지요. 화홍문 누각 아래로 무지개 모양의 7개 수문이 보이지요? 화홍문에서 흘러나오는 장쾌한 물보라를 '화홍관창'이라고 하는데, 이 경관은 수원의 아름다운 경치인 수원팔경으로 꼽힌답니다. 평상시에 북수문은 수문과 동·서를 잇는 다리의 역할을 했지만, 비상시에는 외적과 싸울 수 있도록 총과 대포를 쏠 수 있게 만들었어요. 실용성과 아름다움이 조화를 이루는 곳이에요.

사라진 남수문과 남공심돈

아직 복원되지 않은 남수문 역시 교량과 수문의 역할을 했어요. 비상시에 군사 시설로 활용할 수 있도록 설계된 이 수문은 화홍문과 마주 서서 물줄기의 흐름을 유도하지요.

바깥쪽에서 본 화홍문

비상시에 대비해야 한다고 제안했어요. 그 후 정조는
수원에 성을 쌓고 싶은 생각이 간절하여 1792년(정조 16)에
당시 최고의 지식을 가진 정약용에게 수원에 쌓을 성을
설계하라고 지시했어요. 정약용은 정조가 구해 준 다양한
책을 통해 중국과 일본 그리고 우리나라의 축성법을
연구했고, 곧이어 정조에게 성곽에 관한 기초 계획서를
보여 주었어요.

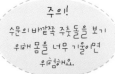

화성을 설계한 정약용

정약용(1762-1836)은 조선 후기 실학을 집대성한 학자로 정조의 각별한 총애를 받았어요. 그는 화성축성의 설계와 정조의 화성 행차시 배다리를 설계하였어요. 하지만 1800년 정조가 죽자, 경상도 영일과 전라도 강진으로 유배를 떠났답니다. 18년의 유배 생활 동안 수많은 저서를 남겼어요. 법제 개혁에 관한 《흠흠신서》, 경제 개혁에 관한 《경세유표》, 지방 통치의 개선을 주장하는 《목민심서》 등이 있어요.

주의!
수문의 바깥쪽 주춧돌을 보기
위해 몸을 너무 기울이면
위험해요.

여기서 잠깐!

북수문 아래 특이한 모양을 한 주춧돌의 비밀을 알아맞혀라!
화홍문 아래로 흐르는 물보라를 보며 감탄을 하고 있는 친구들이
보이네요. 그런데 수문 바깥쪽으로 보이는 주춧돌의 모양이
좀 특이해요. 보통 반듯한 모양인데 앞이 뾰족하게 나왔어요.
왜 이런 모습을 하고 있는 걸까요? 곰곰이 생각한 후에 정답을
찾아보세요.

① 모양이 예쁘니까　　② 물이 빨리 흐르게 하기 위해
③ 바닥의 안정을 위하여　④ 오각형으로 하는 것이 유행이어서
⑤ 물이 갈라져서 흘러 물살에 수문이 훼손되지 않도록 하기 위해

수문의 5각형 돌

☞정답은 72쪽에

🏯 성설
성곽에 관한 이야기라
는 뜻이에요.

🏯 선조
조선의 제14대 왕으로
유학을 장려했어요.

정약용은 성설에서 그동안 건축되지 않았던 새로운 것들을
제안했어요. 그건 성벽에서 튀어나온 치성과 성문을 보호하는
옹성을 만들자는 것이었지요. 선조 때의 문인인 유성룡 역시
임진왜란과 병자호란 때 우리의 성곽이 너무 빨리 무너져
함락당했던 것은 옹성과 치성이 없었기 때문이라고
《징비록》이라는 책에서 주장했어요. 그만큼 옹성과
치성이 전쟁에 대비하기에 중요한 시설임을 알 수
있어요. 뿐만 아니라 거중기와 녹로 같은 과학
기기를 사용할 것을 건의했어요.

1793년 1월, 정조는 수원을 유수부로 승격하면서
좌의정 채제공을 화성유수로 임명했어요. 그 후
채제공의 뒤를 이어 2대 유수 이명식과 3대 유수
조심태가 화성 건설에 적극적으로 참여했어요.
1794년 1월에는 전국에 설계도를 그려 바치도록

정조의 신뢰를 받은 채제공

채제공은 남인의 으뜸 인물로 정조가 신뢰
하는 신하였어요. 영조 재위 당시에 도승지
를 맡으면서 사도 세자의 죽음에 끝까지 반
대했던 분이에요. 채제공은 정조 즉위 후 나
라 재정을 튼튼히 하고 당파를 조정하는 일
을 맡아 훌륭히 처리했어요. 특히 초대 화성
유수와 화성 성역
의 총책임자인 총
리대신을 맡아 화
성 축성을 성공리
에 마치는 데 큰 공
을 세웠답니다.

▶▶ 꽃을 쫓고 버드나무를 따르는 방화수류정

방화수류정은 조선 후기 문화가 한껏 드
러난 우리나라의 문화 유산이자 화성에
서 가장 아름다운 곳이에요. 직접 올라
가서 아래를 내려다보면 멋진 바람과 풍
경에 저절로 감탄사가 나올 거예요.
화성에는 동서남북 네 곳에 각루를 세웠
는데, 각루란 평지보다 비교적 높은 곳
에 위치한 건물로 군사 지휘소의 역할을
하던 곳이에요. 특히 동북각루인 방화수
류정은 팔달산의 군사 지휘소인 서장대
가 외적에게 함락될 경우 군사 지휘를
하기 위해 만든 건물이기도 해요. 또한
이곳에서 활을 쏘거나 신하들과 잔치를
열기도 했답니다.

방화수류정 내도

밤에 본 방화수류정의 모습

명령을 내렸으며, 관련된 높은 신하들에게 축성에 필요한 사람과 물자를 치밀하게 계산하라고 했어요. 그리고 마침내 1794년 1월 15일, 본격적인 화성 축성을 지시했지요.

실학 정신이 깃든 정약용의 치밀한 축성법

축성 계획을 세운 정약용은 조선 후기 최고의 실학자예요. 누구보다도 화성 축성 계획에 공헌을 세운 정약용은 화성 성곽을 위해서 8가지의 축성 방안을 구체적으로 제안했어요.

성을 쌓을 때에는 안과 밖을 두 겹으로 쌓지 말고 안쪽 성은 산에 의지하고 평지에는 흙을 높여 돌을 쌓아야 한다고 했어요. 또 돌은 산에서 다듬어 크기를 맞추고, 수레를 만들어 돌을 운반해야 한다고 했어요. 수레가 다니기 편하도록 길을 내야 한다고도 주장했지요.

이런 치밀한 계획과 준비로 10년을 예상했던 화성 공사 기간을 무려 2년 9개월로 앞당겼고, 조선 역사상 가장 뛰어난 성을 짓게 되었답니다.

화성 만들기의 원칙

화성을 쌓는 데 총책임을 맡은 채제공은 다음과 같은 원칙을 세웠어요. 첫째 빨리 서두르지 말 것, 둘째 화려하게 하지 말 것, 셋째 기초를 단단히 쌓을 것 등이에요. 이러한 원칙을 세운 것은 일을 서두르다 다치는 백성이 없게 하고 보다 튼튼한 성을 쌓도록 하기 위함이에요.

실학
조선 시대, 실생활에 유익을 목표로 한 학문이에요.

화성도
1794년(정조 18)에 화성을 축성한 후 바로 그려진 화성도예요.

방화수류정과 용연
아름다운 풍경을 자랑하는 방화수류정과 용연의 조화가 느껴져요.

방화수류정의 벽돌 문양
주춧돌 위에 둥근 나무 기둥을 세우고 기둥 사이에 벽돌을 쌓았는데, +자 모양의 연주 무늬를 넣어서 아름다움을 더해요.

뒤쪽에서 바라본 방화수류정

방화수류정의 독특한 공간 구조
방화수류정은 정자 북쪽에 왕의 자리가 있고 그 옆으로 높은 직책의 신하들 자리를 만들었어요. 그리고 일반 신하들은 남쪽으로 길게 앉도록 하였죠.

화성 축성의 숨은 뜻!

🏯 **사도 세자**
조선의 제21대 왕인 영조의 둘째 아들로, 영조의 노여움을 사서 뒤주에 갇혀 죽고 말아요.

🏯 **순조**
조선의 제23대 왕으로, 1800년에서 1834년까지 조선을 다스렸어요.

정조가 화성을 짓는 데 이토록 공을 들인 까닭은 무엇일까요? 단지 아버지 사도 세자를 위한 효심 때문이었을까요? 물론 정조는 아버지를 위한 일이라고 말했어요. 하지만 정조가 아버지를 위해서만 성곽을 쌓은 것은 아니랍니다.

정조는 화성이 완성되고 나면 세자인 순조에게 왕위를 물려주고 수원으로 내려와 살면서, 아들을 도와 조선을 강한 나라로 키울 계획을 갖고 있었던 거예요. 이렇게 한 데에는 무엇보다 백성을 위한 정치를 자유롭게 펼치고자 하는 뜻이 담겨 있었어요.

수원에 신도시를 세우고, 백성들을 위해 한양에서는 하지 못했던 여러 가지 일을 실천하고자 했던 거예요. 서울에서는 자신의 뜻을 이해하지 못하는 신하들이 많았거든요. 그래서 정조는 새로운

1910년 동장대의 모습

▶▶ 군사들의 훈련지, 동장대(연무대)

동장대 앞의 넓은 잔디 밭은 조선 시대 화성의 장용영외영 군사들이 《무예도보통지》에 나오는 24가지의 무예를 훈련하던 곳이에요. 이곳에서 말을 타고 검 쓰기, 창 쓰기, 활쏘기, 격구 등의 다양한 훈련을 했어요. 이처럼 무예를 훈련한다고 해서 '연무대'라고도 부른답니다.

전각
웅장한 팔작지붕으로 되어 있어요.

영롱무늬담
수키와를 이어서 만든 담으로 동장대에 있는 왕을 보호하기 위해 경호 군사들이 담장 뒤에서 볼 수 있게 만들었어요.

경사지
왕이 말을 타고 직접 오를 수 있도록 흙으로 덮었어요.

사열장(군사 요충지)
왕에게 사열*을 받기 위해 마련된 공간이에요.

조련장
연무대 밖 넓은 마당에서 각종 무예를 연마했어요.

*사열 : 조사하거나 검열하기 위해 하나씩 살펴보는 것이에요.

14

조선의 미래를 꿈꾸며 화성 축성을 계획했답니다.

정조가 꿈꾸는 화성

수원은 지리 상 서울의 중요한 길목에 있어요.
전라도와 충청도, 경상도를 잇는 삼남의 교통
요지이지요. 그런 수원에 신도시를 건설한다는 것은
그 당시 도읍지인 한양을 적으로부터 방어하기가
쉽고, 상업과 유통의 중심이 되어 국제 무역 도시로
클 수 있다는 걸 의미해요. 또 늘어나는 한양의
인구를 분산시킬 수도 있지요. 그래서 정조는 성안 네거리에 상점과
시장을 열고, 화성으로 이사를 오는 백성들에게는 후하게 보상해
주었어요. 또 당시 최고의 군사를 화성에 배치함으로써 전국에서
가장 중요한 도시로 자리매김하게 되기를 바랐지요.

민심을 두루 살핀 지혜로운 정조

수원화성 건설은 단순히 성곽을 쌓는 것
만은 아니었어요. 거대한 도시 하나를
새롭게 만드는 일이었지요. 이런 커다
란 공사는 쉬운 일이 아니랍니다. 역대
의 여러 왕들이 궁궐이나 성을 짓다가
많은 세금을 거두어들여 민심을 잃었거
든요. 그러나 정조는 민심을 잃기는커
녕 수원의 상공업을 활발하게 만들었답
니다. 왜냐고요? 공사 비용은 왕실의 재
산으로 했고, 백성들에게 많은 일자리
를 주었으며 제값의 임금을 지불했기 때
문이지요.

🏯 **성안**
성벽으로 둘러싸인 안
을 뜻해요.

▶▶꼬불꼬불 미로 같은 동북공심돈

동북공심돈 외도

동북공심돈의 옛 모습

월기통 모양의 동북공심돈은 참 특이하게 생긴 건물이
에요. 벽돌로 만든 건물 안으로 빙글빙글 길을 따라 올
라가면 3층의 망루까지 갈 수 있어요. 이 망루에서는
화성 전체가 다 보여요. 동북공심돈의 내부는 소라의
모습과 같다고 해서 '소라각'이라고 부르기도 했어요.
통로 사이사이에 총 구멍을 만들어 군사들의 몸을 보호
하며 총까지 쏠 수 있게 만들었지요. 이러한 공심돈은
화성에서 처음 만들었는데, 화성에는 동북공심돈 외에
도 2개의 공심돈이 더 있답니다.

화성을 지키는 조선 최고의 군대, 장용영

화성을 지키기 위한 특별한 군대가 있었다는 걸 알고 있나요? 화성을 돌아다니다 보면 곳곳에서 그 당시 군사들의 모습을 한 사람들을 만날 수 있을 거예요. 바로 '장용영'을 재현한 군사들이에요. 장대하고 용맹스러운 부대라는 뜻을 가진 장용영은 이름처럼 조선 시대 최고의 군사들이 모인 부대로 화성을 지키는 데 온 힘을 다했어요.

그런데 장용영이 처음부터 화성에 있었던 것은 아니에요. 1776년 정조가 조선의 왕으로 즉위한 후 '숙위소'라는 왕의 경호 부대를 만들었는데, 이후 부대의 명칭을 바꾸어 1788년 1월 장용영이라는 독립된 중앙 군영이 탄생한 거예요. 정조는 1793년 1월, 수원을 화성유수부로 승격시키면서 화성에 장용영외영을 두었답니다. 그러나 실제 서울에 있는 장용영내영보다 화성에 있는 장용영외영이 더 강력한 군대였다고 해요.

장용영의 군사들은 모두 월급을 받고 훈련하는 최고의 군인들이었어요. 이들 장용영 군사들에게는 군영의 기밀을 누설하지 말 것, 주먹질이나 병기를 들고 싸우지 말 것 등 지켜야 할 열 가지 조항이 있었어요. 이는 철저하게 백성들을 괴롭히지 않고 열심히 훈련하여 조선을 지키는 최강의 부대가 되고자 하는 의지를 담고 있지요.

장용영 군사들의 무예 24기 시험 공연 장면이에요.

장용영의 군사 훈련은 엄격하기로 유명했어요. 매월 한 차례 진법을 익히고 3일마다 활쏘기, 조총 사격, 창검 무예 시험을 보았어요. 이러한 훈련을 바로 화성의 동장대에서 했답니다.

1793년에 장용영외영을 중심으로 새로운 군사 제도가 만들어졌는데, 화성을 지키기 위해 화성에 5천 명, 화성 주변의 다섯 고을에 8천 명을 두어 무려 1만 3천 명이 화성을 지키게 했던 것이죠. 조선 역사상 가장 강력한 군대라는 게 느껴지지요?

정조는 매년 수원에서 무과 시험을 실시하여 능력 있는 무인들을 선발하고 이들을 장용영외영에 소속시켜 화성 방비를 더욱 강화했어요. 그러나 정조가 죽고 난 후 1802년에 안타깝게도 조선 시대 최대의 군대인 장용영이 해체되고 말았지요. 이후부터 조선에서 무예를 숭상하는 정신이 점차 사라지게 되었답니다.

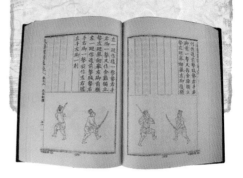

조선 무예의 모든 것, 《무예도보통지》

《무예도보통지》는 1790년(정조 14)에 정조의 명령으로 장용영 장교 백동수와 규장각 검서관인 이덕무, 박제가가 편찬한 책이에요. 국방을 강화하고자 하는 정조의 의지가 나타난 것이라고 할 수 있지요. 《무예도보통지》에 나오는 무예는 땅에서 직접 하는 지상무예 18가지와 말을 타고 하는 마상무예 6가지가 들어 있어요. 이 책은 무예 동작 하나하나를 그림과 글로 해설해 놓은 실전 훈련서라서 수련하는 데 좋은 본보기가 되었어요.

백성들을 받들고 보살핀 왕, 정조

　조선 시대 왕 중에서 백성을 위한 정치를 편 사람으로는 세종과 함께 정조를 꼽아요. 특히 정조는 강력한 왕권을 바탕으로, 무엇보다도 백성들을 위한 문화 정치를 펼치고자 했어요.

　백성들이 좀 더 편안하게 살기 위해서는 무엇보다 백성들에게 도움을 줄 유능한 관리를 양성시켜야 해요. 그래서 정조는 인재를 등용하는 데 앞장섰지요. 정조는 신분이 높고낮음에 관계없이 공평하게 뽑았어요. 이들은 규장각에서 교육을 받은 후 백성들을 위한 관리로 선택되어 알맞은 곳에서 일하게 되었지요.

화성의 동남쪽을 방어하라!

장안문을 지나 창룡문에 도착했어요. 화성의 동쪽 문인 창룡문에는
그 당시 공사를 담당한 사람들의 이름이 적혀 있는 실명판이 있었어요.
이것은 조선 시대 기록 문화의 보물과도 같은 존재랍니다.
이것뿐만 아니라 화성의 동쪽과 남쪽 지역에는 어떤 시설물이
있었을까요? 성곽의 우수한 시설물을 관찰하러 출발!

이렇게 관리를 뽑는 것에만 그친 것이 아니라 정조는 직접 밖으로 행차를 해 백성들의 이야기에 귀를 기울였어요. 억울한 일을 당한 백성들이 왕에게 직접 알릴 수 있는 상언과 격쟁 제도를 활성화했어요. 또 금속 활자를 다른 시대보다 많이 만들어, 모든 백성들이 읽을 수 있도록 책을 보급시켰어요. 당연히 예전보다 백성들의 문화 수준은 높아졌겠지요? 이처럼 백성들이 더욱 나은 삶을 살도록 배려한 정조에 대해 알아볼까요?

화성을 축성한 정조는 누구?

정조의 어진
일제 강점기 때 사라진 정조의 어진을 화가 이길범이 다시 그린 것이에요.

🏯 **어진**
왕의 얼굴이나 사진을 뜻해요.

화성 축성을 지휘한 정조에 대해 좀 더 자세히 알아볼게요. 정조는 1752년 9월 22일 창경궁 경춘전에서 태어났어요. 위인들에게 흔히 특별한 탄생 이야기가 있듯이 정조에게도 탄생 일화가 있어요.

정조가 태어나기 전인 1751년 10월에 정조의 아버지인 사도 세자는 용이 구슬을 안고 침실로 들어오는 꿈을 꾸었어요. 훌륭한 성인이 태어날 것을 짐작한 사도 세자는 깨자마자 꿈에서 본 용을 흰 비단에 그려 벽에 걸어 놓았다고 해요. 정조의 할아버지인 영조 역시 갓 태어난 손자를 보며 앞 이마와 뒷머리가 자신을 닮았다고 기뻐했지요.

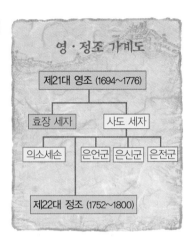

영·정조 가계도

- 제21대 영조 (1694~1776)
  - 효장 세자
    - 의소세손
  - 사도 세자
    - 은언군
    - 은신군
    - 은전군
- 제22대 정조 (1752~1800)

▶▶화성의 동쪽 문, 창룡문

화성의 동쪽 대문인 창룡문은 장안문에 비해 규모가 작아요. 돌로 쌓은 몸체 위에 1층 누각이 있고, 성문을 보호하기 위한 옹성은 한쪽 구석이 열려 있어요. 옹성 안 무지개문 좌측 석벽에는 성문 공사를 맡은 사람들과 책임자들을 기록한 공사 실명판이 있었어요.

창룡문의 깃발은 장안문에서 보았던 것과 다를 거예요. 동쪽을 나타내는 청색의 깃발이 장엄함을 더하지요.

1950년대 창룡문 밖의 모습

옆에서 보니까 한쪽이 열려 있는 반달 모양의 옹성이 뚜렷하게 보이지? 창룡문에는 또 어떤 특징이 있을까?

책을 좋아한 어린 세손

글 읽는 것은 가장 큰 즐거움이도다. 궁금한 것은 책을 보며 깨우칠 수가 있으니.

정조는 어릴 때부터 책을 좋아하여 글을 보면 매우 기뻐했어요. 글을 좋아하는 아들을 위해 사도 세자는 직접 글을 써서 책을 만들어 주기도 했지요. 뿐만 아니라 정조는 글씨 쓰기를 좋아하여 다섯 살에 자신이 쓴 글씨로 병풍을 만들기까지 했어요. 어린 나이에 너무 열심히 공부를 해 병이 날까 염려한 어머니 혜경궁 홍씨는 정조를 타이르기까지 했지만 정조는 어머니의 염려에도 새벽에 일어나, 등불을 가리고 책을 읽었다고 해요.

이처럼 어릴 때부터 책 읽기를 좋아했던 정조는 8세 때인 1759년(영조 35)에 세손으로 **책봉**되었어요. 그리고 1761년 3월 성균관에 입학하여 본격적인 학문에 매달렸어요. 11세가 되던 1762년 2월, 청원부원군 김시묵의 딸을 맞아 **가례**를 올렸어요.

책봉
왕세자, 왕세손, 왕후, 비, 빈, 부마 등을 제후로 봉하고 관직을 주는 것이에요.

가례
결혼식을 말해요.

공사 실명판
화성의 각 성문마다 축성 책임자의 이름과 일꾼들을 관리하는 패장의 이름, 그리고 석수 책임자의 이름을 석벽에 새겨 놓았어요. 그만큼 자신의 이름을 걸고 책임감과 성실함을 가지고 일할 수 있게 했지요.

밖에서 본 창룡문

안에서 본 창룡문

화성만의 특징, 하나

화성의 가장 큰 특징은 돌과 벽돌을 함께 사용한 점이에요. 주재료를 돌로 하고 좀 더 세밀하게 쌓아야 할 곳은 벽돌로 견고함을 더했어요. 석회로 돌과 벽돌을 붙였는데 이는 화성에서 처음으로 사용한 방법이지요. 벽돌을 사용했기 때문에 둥근 모양의 옹성이나 공심돈을 만들 수 있었던 거예요.

사도 세자의 슬픈 죽음

뒤주에 갇혀 죽은 사도 세자는 영조의 둘째 아들로 1735년에 태어났어요. 영조의 큰아들이었던 효장 세자가 일찍 죽자, 사도 세자는 영조의 사랑을 한몸에 받으며 자랐어요. 그 후 사도 세자는 1749년(영조 25), 15세의 나이로 영조를 대신하여 나라를 다스리는 일을 맡았지만 평소 앓던 병으로 제대로 일을 할 수 없었어요.

사도 세자는 원래 활달한 성격으로, 학문에도 재능이 있었지요. 특히 무예에 아주 뛰어난 소질을 가지고 있었어요. 그러나 당시 노론과 소론이라는 당파 싸움에 휘말리게 되면서 아버지인 영조의 눈밖에 나기 시작했지요. 영조는 노론과 더 가까웠고, 어린 세자는 소론과 더 가까웠기 때문이에요.

《한중록》

《한중록》은 사도 세자의 아내인 혜경궁 홍씨가 쓴 책이에요. 홍씨는 이 책에서 사도 세자가 정신 질환으로 죽은 것이지, 자신의 집안과는 관련이 없다고 강조했어요. 그러나 훗날 정조는 사도 세자가 당파 싸움으로 희생당했다고 생각했어요.

정조 승하 후, 혜경궁 홍씨는 정순왕후에 의해 다시 친척을 잃는 아픔을 겪어요. 자신이 죽더라도 손자인 순조에게 자신의 집안을 당부하기 위해 또다시 《한중록》을 썼답니다.

▶▶지혜로움이 담긴 화성의 성벽, 여장

여장
여장은 성곽의 담을 뜻하는 말로, '타' 혹은 '성가퀴'라고도 해요. 외적으로부터 군사들의 몸을 보호하기 위해 쌓은 것이에요.

타구
여장과 여장 사이의 ∪처럼 생긴 곳을 말해요. 이곳에서 활을 쏘았을 거예요.

총안
여장에 있는 총을 쏘는 구멍을 일컬어요. 가운데 구멍은 가까운 적을 공격하는 근총안, 양옆에 있는 두 개의 구멍은 멀리 있는 적을 공격하는 원총안이에요.

영조가 사도 세자의 진심을 모른 채
야단치는 일이 잦아질수록 세자의 병은
더욱 악화되었어요. 결국 사도 세자의 정신
질환이 심해지자 영조는 나라를 위하여
사도 세자를 죽이기로 결정했어요. 장차
조선의 국왕이 될 사도 세자를 죽여야 하는
영조의 마음은 매우 아팠지만 그 길만이
백성들을 위하는 길이라고 생각했어요.

영조의 명령으로 뒤주 속에 갇힌 지 8일째 되는 날에 사도 세자는
마침내 굶어 죽고 말았어요. 그의 나이 28살이었지요. 세자가 세상을
떠나고 나서야 영조는 깊이 후회를 하고, 세자의 시호를 '사도' 라
내리고, 세자빈을 '혜빈' 이라 높여 주었어요. 어린 나이에
이 모습을 지켜 본 정조는 아버지를 마음속에 담아 둘 수밖에
없었어요.

화성만의 특징, 둘

화성의 성벽은 크기를 다르게 하고,
모서리를 깎아서 돌과 돌이 서로 맞물
리도록 했어요. 이는 성벽을 더욱 견
고하게 하는 역할을 했어요.

여기서
잠깐!

성벽의 안과 밖을 알아맞혀라!
여장에서 군사들이 바쁘게 훈련을 받고 있는 모습이 보여요.
성벽 하나를 봐도 우리 조상들의 지혜가 돋보이지요?
아래 사진을 보고 성벽의 안과 밖을 알아맞혀 보세요.

(   )

(   )

정답은 72쪽에

백성을 위한 정치를 편 정조

정조는 아버지의 죽음으로 깊은 상처를 받았지만 다행히 훌륭한 왕의 자질을 갖추며 자랐어요. 왕위에 오르자, 어진 성품을 바탕으로 정의롭게 나라를 다스리고자 노력했어요.

정조는 그동안 차별을 받아 오던 **서자**들에게 과거 시험을 볼 수 있게 해 주었어요. 그리고 인간적인 대우를 받지 못하던 노비들을 자유롭게 하는 법을 만들었지요. 미국 링컨 대통령의 노예 해방보다 60여 년이나 앞선 일이에요. 아울러 가난 때문에 길거리에 버려진 아이들을 관청에서 기르고 교육시켰으며, 재판을 할 때 매질을 하거나 고문을 하지 못하게 했어요. 그리고 조선의 백성이면 누구나 장사를 해서 돈을 벌 수 있는 법을 만들었어요. 가난한 백성들에게 직접 쌀을 나누어 주고 죽을 끓여 주기도 한 정조야말로 누구보다도 백성을 사랑한 왕이었지요.

서자
본부인이 아닌 딴 여자에게서 태어난 아들을 말해요.

▶▶ 철벽 방어, 치성

치는 성벽을 오르거나 성에 가까이 다가오는 적을 방어하기 위한 시설이에요. 성벽 밖으로 튀어나오게 쌓았는데, 이것은 화성을 설계한 정약용이 제안한 거예요. '치'는 자기 몸을 숨기고 엿보기를 잘하는 꿩의 습성을 응용한 것이랍니다. 화성에는 여러 개의 치가 있는데, 대부분은 치 위에 누각들이 세워져 있어 화성만의 위상을 더하지요.

장안문 서적대
치의 한 형태인 적대의 모습이에요.

조선 후기에는 여러 가지 의견을 가진 세력들의 정치
싸움이 심했어요. 이런 모습을 안타까워한 정조는
관리 임용에 있어서 당파에 상관없이 실력 있는
인재들을 등용하였어요. 당시 조정은 노론, 소론,
남인 등으로 나누어져 있었거든요.

정조는 여러 당파를 통합해 좋은 인재를 알맞은
자리에 둠으로써 올바른 정치를 할 수 있는 기틀을
마련하였지요. 결국 정조가 왕이 된 이후 조선은
새로운 변화의 시대를 맞이했답니다.

학문의 장, 규장각

정조가 역대 왕들의 시문, 친필, 그림 등을 보관
하기 위해 1776년 창덕궁에 설치한 왕실 도서관
이 바로 규장각이에요. 도서를 새로 간행하고 국
내외 서적을 수입하여 1781년에는 소장 도서가
무려 3만 권이나 되
었다고 해요. 규장
각에서 일하는 관
리들은 국가의 주
요 정책을 자문하
고 관리를 선발하
는 일까지 참여하
는 등 정조 때 가장
중요한 역할을 했
어요.

규장각도
김홍도가 그린 창덕궁의
주합루 모습이에요.

▶▶ 포루와 포루

포루(砲樓)는 성벽의 일부를 凸자 모양으로 치성과 유사
하게 만들고, 3층의 내부를 공심돈과 같이 비워 화포를
감춰 두었다가 적을 공격하도록 만든 시설물이에요. 아
랫부분의 일부는 화강석으로 쌓고, 윗부분은 벽돌로 쌓
았어요. 윗부분에는 양쪽에 6문의 대포를 설치하여 성벽
을 향해 기어오르는 적을 공격하게 했지요. 하지만 화성
에서 한 번도 전쟁이 일어나지 않아 실제 사용되지는 않
았어요.

포루(鋪樓)는 치성 위에 대를 만들고 그 위에 지은
누각으로, 치성의 군사들을 가려 적군이 볼 수 없
도록 하기 위해 만든 시설물이에요. 이것은 대포를
설치한 포루와 비슷한 용도를 지니고 있으나 튀어
나온 부분의 재료가 돌과 벽돌이라는 점에서 크게
다르답니다.

효심으로 현륭원을 만든 정조

왕실의 풍수지리

풍수는 집이나 무덤의 위치가 좋고 나쁨을 가리는 것을 말해요. 풍수가 허무맹랑하다고 생각할 수 있지만 옛날 사람들은 풍수를 중요하게 여겼어요. 특히 조선 시대에는 사방이 산으로 둘러싸인 곳을 명당이라고 보고 그곳에 도읍을 세우고 왕릉을 만들었지요. 조선의 왕실에서는 흙이 세상 기운의 중심이라는 생각 때문에 왕릉을 들판도 산도 아닌 작은 언덕에 무덤을 만들었습니다. 사도 세자가 묻힌 현륭원은 조선 시대 최대의 명당으로 인정받는 곳이에요.

정조는 백성들을 위한 마음뿐만 아니라 아버지에 대한 효심 역시 지극했어요. 정조는 즉위하자마자 사도 세자의 묘소인 수은묘를 '영우원'으로 이름을 바꾸고, 창덕궁 근처에 사도 세자의 사당을 만들었어요. 1789년(정조 13) 정조의 고모부였던 박명원이 사도 세자의 묘소를 옮기기를 주장했어요. 그 이유는 비가 오면 홍수가 나 물이 차기 때문이었어요. 사실 정조는 아버지의 묘소가 좁고 생김새가 좋지 않아서 이전부터 옮기고 싶어했었어요. 결국 정조와 신하들은 새로 옮길 묘소 지역을 의논하게 되었고, 풍수지리적으로 가장 좋은 수원부 고을로 결정했어요.

정조는 곧 공사를 지시했어요. 드디어 1789년 8월, 사도 세자의

▶▶불빛과 연기로 알리는 봉돈

외적이 쳐들어올 때 왕에게 전할 가장 빠른 방법은 무엇일까요? 바로 봉화를 이용하는 거예요. 화성에도 이런 역할을 하던 곳이 있는데, 바로 봉돈이지요. 화성의 봉돈은 봉화대와 군사 방어 시설인 돈대의 두 가지 역할로 나뉘어요. 그래서 봉돈 밖으로 많은 총 구멍이 설치되어 있죠. 우리나라 대부분의 봉수대는 성 밖 산봉우리에 있으나 화성의 봉돈은 성내에 있는 점이 매우 특이해요. 또한 벽돌로 쌓아 올려 그 규모나 외관이 정교하고 위엄이 있지요. 연기를 피워 올리는 재료로 주로 염소똥과 말똥을 말린 것을 사용했어요.

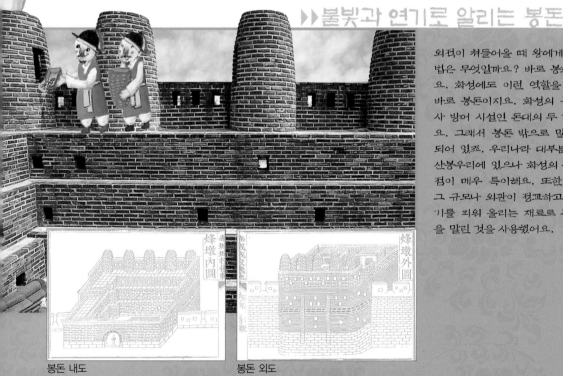

봉돈 내도   봉돈 외도

새로운 무덤을 '현륭원'이라고 이름지었어요. '현륭'이란 말은
현명한 부친을 융성스럽게 받들어 모신다는 뜻이지요. 정조는
현륭원 공사에 나라의 뛰어난 장인들을 모두 참여시켰어요. 그래서
지금도 조선 시대 왕릉 중에서 가장 아름답고 뛰어난 곳으로
평가받고 있지요. 또한 사도 세자의 명복을 빌기 위해 현륭원을
지키는 용주사를 창건했어요. 용주사는 전국에서 백성들이 모은
돈으로 만들어진 최초의 절이에요.

   이후 제26대 왕인 고종이 사도 세자를 높이 받들어 존경한다는
뜻으로 현륭원에서 '융릉'으로 이름을 바꾸었어요. 왕으로 살지는
못했지만 사도 세자를 왕으로 인정한다는 뜻이지요.

능원침내금양도
현륭원과 건릉의 지역 안에
사람들이 들어가지 못하도록
범위를 규정한 그림이에요.

사도 세자가
잠들어 있는 융릉

여기서
잠깐!

봉돈의 횃불 수에 나타난 신호를 맞혀 보세요!
예전에는 횃불의 수로 나라의 위기 상황을 알 수 있었어요.
보기를 보고 빈칸에 알맞은 말을 써 보세요. 힌트도 참고하세요.

보기

국경을 침범할 때, 적군이 국경
근처에 나타났을 때, 평상시

(　　　　)에는
1개

(　　　　)에는
2개

적군이 국경선에
도달하면 3개

(　　　　)에는
4개

싸움을 시작하면
5개

힌트 : 나라가 위험에 처할수록 횃불 수가 많아져요.

☞ 정답은 72쪽에

여기서 **잠깐!**

활동 하나! 사도 세자가 묻힌 융릉을 알아맞혀라!

융릉은 사도 세자와 혜경궁 홍씨가 함께 묻힌 묘예요. 경기도 화성군 태안읍에 있는 능으로, 근처에 위치한 건릉과 함께 현재 사적 제206호로 지정되어 있어요. 건릉은 정조와 효의왕후가 함께 묻힌 능이에요. 늘 아버지 곁에 묻히고 싶어했던 정조의 바람대로 된 것이지요. 그렇다면 아래 사진 중 융릉을 찾아보세요.

활동 둘! 정조의 효심을 생각하며 부모님께 마음의 글을 써 보세요.

용주사는 사도 세자의 명복을 빌기 위해 만들어진 절이에요. 그리고 부모님의 깊은 은혜를 담은 '부모은중경판'을 제작하여 용주사에서 간행하게 했어요. 정조의 효심이 느껴지나요? 여러분도 부모님을 생각하며 짧은 글을 써 보세요.

부모은중경

용주사 대웅보전

아버지를 위해서라면 송충이쯤이야

정조는 비참하게 죽은 아버지를 생각하며 묘소가 있는 수원으로 자주 행차를 했어요. 그러고는 묘소 주변의 화산과 수원에 나무를 많이 심도록 했어요. 지금의 융릉과 건릉에 소나무가 많은 것은 바로 이런 이유 때문이에요. 그런데 하마터면 이런 곳을 못 볼 뻔했어요. 왜냐고요?

어느 해부터인가 송충이가 많이 늘어나 심어 놓은 소나무를 다 갉아먹어 자꾸 산림이 황폐해졌어요. 이 사실을 안 정조는 백성들에게 상금까지 주며 송충이를 잡았어요. 하지만 송충이는 계속 늘어났어요. 보다 못한 정조는 친히 나무에 붙어 있는 송충이를 손으로 잡아 이렇게 호통을 쳤어요.

"네가 아무리 미물이라지만 우리 아버님의 묘소에 정성 들여 가꾸어 놓은 나무들을 갉아 먹어서야 되겠느냐!"

그러고는 송충이를 입에 넣고 씹었어요. 이것을 본 관리들은 정조의 마음을 읽고, 더욱 철저히 소나무를 보살펴 그 뒤부터는 송충이들이 사라졌다고 해요.

또 옛날에는 배고픈 아이들이 소나무 속껍질을 벗겨 먹기도 했는데, 어린 소나무의 속껍질을 벗겨 내면 나무는 생명을 잃게 되지요. 그래서 아버지 산소의 나무들이 죽는 것을 볼 수 없었던 정조는 어린이들에게 벌을 주는 대신 볶은 콩을 넣은 헝겊 주머니를 매달아 놓았어요. 소나무 껍질 대신 콩을 먹으라는 자상한 정조의 마음이 담겨 있지요.

화성 행차를 통해 들여다본 정조의 마음

정조는 조선 시대 어느 왕보다도 궁궐 밖 나들이가 잦았어요. 다른 왕들이 1년에 한 차례 정도의 궁궐 밖 행차를 한 것에 비해, 정조는 재위 24년 간 무려 66회나 궁궐 밖으로 행차를 했어요. 궁궐 밖에 사는 백성들의 삶을 살피고, 그들에게 직접 불편함과 어려움을 듣고 싶었거든요. 그래서 백성들이 평안하게 사는 정치를 펴고자 했어요.

또 수원에 있는 아버지 사도 세자의 묘소인 현륭원 참배를 가기 위한 것이기도 했어요. 정조가 수원을 방문한 것은 13차례나 되는데, 1795년(정조 19)에 화성으로 방문한 행차는 아주 특별했어요.

화성행궁과 화령전

화성 행차 때 정조가 머물렀던 곳

이제부터 화성행궁을 둘러볼 거예요. 화성행궁은 왜 만들었을까요? 화령전은 도대체 무엇을 하는 건각인가요? 행궁은 왕의 특별한 나들이 때에 잠시 머무르는 곳을 말해요. 하지만 화성행궁은 단순한 행궁이 아니에요. 이곳은 정조의 깊은 뜻이 담긴 곳이지요. 그 뜻이 무엇인지 알아보아요. 그리고 화령전은 정조의 영혼이 살아 숨쉬는 곳이랍니다.

그 해는 혜경궁 홍씨가 회갑을 맞는 해였고, 살아 있었다면 혜경궁 홍씨와 같은 나이인 사도 세자 역시 회갑을 맞이했을 터였거든요. 그래서 정조는 사도 세자가 잠들어 있는 화성에서 회갑연을 열어 안타까운 삶을 산 부모님을 위로하고 싶었어요. 그러나 화성 행차가 단순히 회갑연을 위한 것만은 아니었어요. 자신이 건설한 화성과 대규모 군사 훈련을 통해 강인한 왕의 모습을 신하와 백성들에게 보여 주려는 것이었지요. 자신이 진정 원하는 나라를 만들고자 했던 정조의 마음을 엿볼 수 있어요. 그럼 지금부터 효심과 개혁 정신이 깃든 정조의 8일 간의 화성 행차를 따라가 볼까요?

8일 간의 화성 행차

"임금님 나가신다~ 길을 비켜라!"

예전에는 왕이 행차할 때 백성이 함부로 고개를 들 수 없었어요. 그런데 유독 자신의 행차를 구경하게 하고, 직접 백성에게 억울한 일을 하소연하도록 허락한 왕이 있었어요.

바로 정조랍니다. 정조는 백성들의 삶을 직접 눈으로 보고, 정치에 반영하고자 했어요. 특히 1795년, 8일 간의 화성 행차는 여러 가지 면에서 특별했어요.

지금부터 정조의 효심과 개혁 정신이 깃든 8일 간의 화성 행차를 따라가 볼까요?

조선 시대 행궁은 어디에 있었나요?

행궁이란 왕이 항상 머무르며 나랏일을 돌보는 본 궁궐을 나와 잠시 지방에 별도의 궁궐을 마련하여 임시로 거처하는 곳을 말해요. 강화행궁·남한행궁·양주행궁은 전쟁 때 안전하게 피하기 위한 곳이고, 온양행궁·이천행궁은 쉬기 위한 곳이에요. 시흥행궁, 과천행궁 등은 능원 참배를 위한 곳이랍니다.

온양행궁

강화부행궁

광주부행궁

양주행궁

첫째 날, 창덕궁을 출발

1795년 윤2월 9일 아침 일찍 정조의 행렬은 창덕궁을 떠나 수원으로 향했어요. 정조는 왕실 가족 중 어머니 혜경궁 홍씨와 두 누이인 청연군주, 청선군주를 데리고 갔지요. 앞뒤에는 총리대신 채제공을 비롯하여 약 1,779명이 동원된 긴 행렬이 끊임없이 이어졌고 휘날리는 화려한 깃발과 힘찬 연주는 질서 정연한 행렬을 더욱 웅장하고 위엄 있게 했어요. 행렬의 중앙에는 혜경궁 홍씨가 탄 가마가, 그 뒤에는 가마 대신 말을 탄 정조가 따라갔어요. 정조는 쉴 때마다 혜경궁 홍씨에게 미음을 올리며 문안을 드렸어요. 노량진의 용양봉저정에서 휴식을 취한 후, 시흥행궁에서 하룻밤을 묵는 것으로 첫날의 일정을 마무리했어요.

둘째 날, 빗줄기를 뚫고 다다른 화성

이튿날 정조는 서둘러 길을 떠났어요. 사근참행궁(지금의 경기도 의왕시 고천동)에서 점심을 들고, 휴식을 취한 행렬은 비가

군주는 누구를 말해요?

군주는 왕세자와 세자빈에게서 태어난 딸을 뜻해요. 청연군주와 청선군주는 정조의 누이동생들이에요. 사도 세자와 혜경궁 홍씨 사이에서 태어난 딸들이지요. 그런데 아버지인 사도 세자가 왕이 되지 못하고 죽었기 때문에 공주가 되지 못하고 군주로 불렸답니다.

화성행궁도

▶▶조선 최대의 행궁, 화성행궁

화성행궁은 조선 시대 최대의 행궁이자 행궁 문화의 걸작으로 손꼽혀요. 그 이유는 화성행궁에 담긴 백성을 사랑하는 정조의 마음과 조선을 세계 최고의 국가로 만들고자 하는 이상이 담겨 있기 때문이에요.
처음 도시를 옮긴 후, 화성행궁은 340칸의 규모를 가지고 있었어요. 하지만 1796년 화성 축성이 마무리되었을 때에는 576칸의 큰 규모로 확대되었지요. 이렇게 규모가 커진 것은 정조가 장차 왕위를 물려주고 화성으로 내려와 살고자 했기 때문이에요.

낙남헌
장락당
봉수당
유여택
신풍루

한눈에 보는 화성행궁, 이렇게 둘러보세요.
신풍루 ➡ 봉수당 ➡ 장락당 ➡ 낙남헌 ➡ 유여택

내리는데도 화성에 빨리 도착하기 위해 빗줄기를 무릅쓰고 이동했어요. 화성의 북쪽 문인 장안문에 도착하기 전, 정조는 위풍당당한 국왕의 모습을 보여 주기 위해 황금 갑옷으로 갈아입었어요. 무엇보다 군사 훈련을 지휘하는 강력한 국왕의 모습을 보여 주기 위해서였어요. 행렬이 장안문에 도착하자, 화성 유수가 장관 이하 군병들을 거느리고 왕의 가마를 맞이했고, 정조와 혜경궁 홍씨는 화성행궁에 머물렀어요.

셋째 날, 향교 참배와 지역 인재의 등용

정조는 아침 일찍 화성 **향교**에 들러 학문을 사랑하는 정신과 조선의 문화를 발전시키겠다는 의지를 나타내기 위해, 유학의 창시자인 공자를 참배했어요.

화성행궁으로 돌아온 정조는 우화관에서는 문과, 낙남헌에서는 무과 특별 과거 시험을 실시하였어요. 이것은 화성 인근 주민들의 사기를 높여 주고, 화성을 발전시킬 인재를 등용하기 위한

🏫 향교
고려와 조선 시대에 지방에 있던 관립 학교예요. 조선 중기 이후 서원이 발달하자 기능이 약화되었어요.

▶▶화성행궁의 정문인 신풍루

화성행궁에 가면 맨 처음 보이는 정문이에요. 처음에는 '진남루'라고 하였다가 혜경궁 홍씨의 회갑연을 앞두고 신풍루로 바뀌었어요. '신풍'이란 말은 '왕의 새로운 고향'을 뜻하는 말로 정조가 수원을 고향으로 여긴다는 뜻이 담겨 있어요.

신풍루 바깥쪽 느티나무
이 나무는 정궁의 정문 앞에 심는 느티나무와 같아요. 이 나무 아래에서 현명한 신하를 받아들여 어진 정치를 하겠다는 정조의 뜻이 담겨 있어요.

것이었어요. 마지막으로 정조는 어머니 혜경궁
홍씨의 회갑 잔치의 예행 연습을 하고 하루를
마무리했어요.

넷째 날, 현릉원 참배와 천지를 진동시킨 군사 훈련

정조는 이른 새벽부터 혜경궁 홍씨를 모시고 사도 세자가 묻혀
있는 현릉원으로 갔어요. 울지 않기로 약속했던 혜경궁 홍씨는
슬픔을 참지 못하고 울음을 터뜨렸지요. 정조는 숨이 넘어갈 듯한
혜경궁 홍씨를 진정시키고, 다시 화성행궁으로 돌아왔어요.

이후에 정조는 황금 갑옷을 갖추어 입고, 직접 말을 타고
팔달산 정상에 있는 서장대에 올라 군사들을 지휘했어요. 군사
훈련은 주간에 한 번, 야간에 한 번 실시했는데, 특히 야간
훈련에는 화성 안의 전 백성들이 횃불을 들고 나와 정조를 모시고
군사 훈련에 참여하는 장엄한 광경을 연출해 그동안 개혁을

순종의 융건릉 참배 모습(1908년)

▶▶화성행궁의 정전, 봉수당

화성행궁에서 가장 중요한
건물이 바로 봉수당이에
요. 처음에는 왕이 행차했
을 때 정전으로 쓰던 건물
이었는데, 이후 혜경궁 홍
씨의 회갑연을 계기로 '봉
수당'이라고 바꾸었지요.
말 그대로 어머니인 혜경
궁 홍씨의 만수무강을 기
원한 것이지요.

봉수당에 걸었던 것으로,
당대 최고의 명필인
조윤형이 썼어요.

봉수당 내부에 혜경궁 홍씨
진찬례를 재현해 놓은 모습이에요.

봉수당 내부의 편전을 재현해 놓았어요.

35

반대하며, 정조를 위협하던 세력에게 큰 위엄을
보여 주었어요.

다섯째 날, 혜경궁 홍씨의 화려한 회갑 잔치

이 날은 화성행궁 봉수당에서 혜경궁 홍씨의
회갑 잔치가 열렸어요. 정조와 신하들은 차례로 혜경궁
홍씨에게 술잔을 올리며, 천세를 불러 축하했어요. 곧이어 음악이
연주되었고, 춤과 노래 공연이 시작되면서
잔치의 흥을 돋웠어요. 공연이 끝나자 정조와
신하들은 시를 써서 혜경궁 홍씨의
만수무강을 기원했어요. 주변에 모인
구경꾼들에게도 잔칫상이 돌려졌고, 회갑
잔치가 끝난 뒤에는 고생한 이들에게 푸짐한
상을 내렸어요.

봉수당진찬도를 재현한 모형

▶▶행궁의 침전, 장락당

장락당은 봉수당과 붙어 있어 한 건물로 착
각을 하기 쉽지만 별도의 건물이에요. '장
락당'이라는 이름은 중국 한나라의 궁전이
었던 장락궁에서 따온 것이에요. 어머니 혜
경궁 홍씨의 만수무강을 기원했던 정조는
장락궁의 이름을 따서 장락당이라 짓고 직
접 편액을 써서 걸었어요. 회갑연 다음 해
부터 정조는 장락당을 자신의 침전으로 사
용하였어요.

화성 행차를 할
때마다 이곳에서 잠을
자고 생활했대!

정조가 직접 쓴 장락당 편액*

*편액 : 종이, 비단, 널빤지 등에 그림을 그리거나 글씨를 써서 방 안이나 문 위에 걸어 놓는 액자를 말해

회갑 잔치가 끝나고 매우 만족한 정조는 아버지가 계시지 않은 걸
아쉬워했어요.

여섯째 날, 화성 주민에게 베푼 정조의 선행

여섯째 날의 행사는 오로지 화성 주민들을 위해 열렸어요.
화성행궁의 정문인 신풍루에서 가난한 백성들에게 쌀을 나누어
주었어요. 뿐만 아니라 백성들에게 죽을 끓여 나누어 주었는데, 특히
그 죽은 정조가 직접 맛을 보았어요.

오전에는 어머니 혜경궁 홍씨와 같은 나이의 관리들과
화성의 노인들에게 양로 잔치를 베풀었어요. 초대된
노인들의 밥상은 정조와 똑같이 차려졌으며,
잔치 후에는 지팡이와 비단으로 만든 누런
수건을 나누어 주었어요. 이처럼 정조는
어머니의 회갑을 맞은 기쁨을 누구보다도 화성
백성들과 함께 나누기를 원했던 것이에요.

▶▶ 유여택과 낙남헌

유여택은 평상시에는 화성 유수가
머무르다가, 왕이 행차하면 신하를
접견하는 곳으로 이용하던 건물이
에요. 화성행궁의 내당으로 쓰였던
복내당과, 왕과 신하들이 활을 쏘
던 득중정, 정조가 산책하며 휴식
을 취하던 미로한정이 있지요.

화성행궁에서 행사를 위해 지은 건물이 바로
낙남헌이에요. 낙남헌은 경복궁의 경회루와
같은 역할을 했어요. 화성 행차 때 군사들을
배불리 먹이는 행사와 별시를 치르고 급제자
에게 합격증을 내려 주는 행사도 여기에서
했어요. 화성행궁 부속 건물 중에서 파괴되
지 않고 본래의 모습을 그대로 유지한 유일
한 건물이에요.

37

정조의 마음, 지지대

화성 행차를 마치고 돌아가는 정조는 미륵현 밑에 '지지대(遲遲臺)'라는 세 글자를 넣어 표석을 세우라고 했어요. '지지(遲遲)'란 몹시 더디고, 머뭇거리게 된다는 뜻이에요.

일곱째 날, 화성을 떠나는 더딘 발걸음

화성을 떠나는 날, 한양으로 되돌아가는 길은 내려올 때의 일정과 같았어요. 귀경길에 오른 정조가 지금의 지지대 고개인 미륵현에 이르게 되자, 마음이 몹시 서글펐어요. 이 고개를 넘으면 아버지가 묻힌 현륭원은 물론이고, 화성도 보이지 않는다는 것을 여러 번의 행차를 통해 알았거든요. 그래서 정조는 이곳에 이르면, 자신도 모르게 걸음이 느려지고 자꾸만 고개는 화성 쪽으로 돌아보게 되었다고 해요.

여덟째 날, 백성들과 함께하는 귀경길

아침 일찍, 정조는 일행과 함께 시흥행궁을 떠났어요. 이날의 모습은 〈시흥환어행렬도〉에 세밀하게 그려져 있어요. 엿장수도 보이고, 사당패도 보이는 등 모든 백성들이 왕의 행차를 자유롭게 지켜보고 있는 모습이 생동감 있게 표현되어 있어요.

뿐만 아니라 정조는 구경 나온 백성들에게 고민을 물어
보았어요. 그러고는 세금이 부담된다는 하소연에
해결책을 내도록 지시했지요.

　노량행궁에 도착해 점심을 들고 난 후, 정조의 행차는
한강의 배다리를 건너 한양으로 향했어요. 저녁 무렵이
되자, 정조 일행은 성으로 들어가 창덕궁에 도착했어요.
이렇게 8일 간의 장엄한 행차가 무사히 끝났어요.

　정조는 8일 간의 화성 행차를 마치고 서울로 돌아와
창덕궁 춘당대에서 행차를 수행한 신하와 장교,
군졸들에게 음식을 베풀어 위로하는 잔치를 벌였어요.
행차를 총 지휘한 채제공을 비롯하여 행사를 주관한
모든 관리들이 후한 상을 받았지요. 행차 후까지 세심하게 배려하는
정조의 마음이 돋보이지요.

화성 행차 때 이것만은 지켜라!

첫째, 먼 곳의 진귀하고 값비싼 음식을 구해
서 바치지 말 것.
둘째, 행사를 위해 개인적으로 물건을 바치
는 일은 없을 것.
셋째, 음식은 그 지역의 풍습을 따르되, 사치
스럽거나 화려하게 하지 말 것.
넷째, 왕의 수라상은 10여 그릇이 넘지 않도
록 검소히 할 것.
다섯째, 잔치 음식은 간편하게, 악기는 서울
과 화성에 있는 것을 보수해서 쓸 것.
여섯째, 악공과 춤추는 사람은 옷차림을 깨
끗이 하되, 화려하게 하지 말 것.
일곱째, 춤추는 사람은 기생 대신 관기나 의
녀, 바느질하는 노비로 할 것.

▶▶ 정조의 영혼이 깃든 화령전

1801년에 지은 화령전은 조선 후기에 만들어진 건축물 중 가장
기품 있는 건물로, 정조의 영혼이 머물러 있는 곳이에요. 1800
년 6월, 정조가 죽자 현륭원에 걸어 두었던 초상화를 걸어 둘
전각이 필요했어요. 보통 왕의 초상화는 창덕궁 선원전에 모셔
놓았는데, 정조의 초상화를 화령전에 둔 것은 정조가 수원을 너
무도 사랑했기 때문이랍니다.

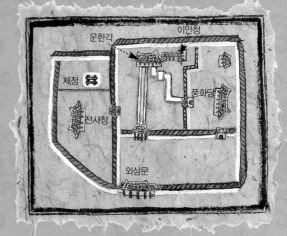

한눈에 보는 화령전, 이렇게 둘러보세요.
외삼문 ➡ 운한각 ➡ 이안청 ➡ 풍화당 ➡ 전사청 ➡ 제정

화성 행차의 모든 기록, 《원행을묘정리의궤》

조선 시대에는 나라에 중요한 행사가 있으면, 그 내용을 글과 그림으로 정리해 책으로 만들었어요. 행사 이모저모를 상세하게 기록하여 후세에 도움이 되고자 함이지요. 이런 책을 '의궤'라고 해요. 철저하게 기록된 의궤 덕분에 현대를 살아 가는 우리는 당시의 건물을 똑같이 복원할 수도 있고, 몇백 년 전의 행사도 그대로 재현할 수 있는 거랍니다.

그중 정조의 8일 간 화성 행차를 기록한 《원행을묘정리의궤》는 조선 기록 문화에서 가장 빼어난 유산이랍니다. 행차와 회갑연 장면은 물론이고 준비하는 과정, 행차에 동원된 사람이나 물건을 비롯해 궁중의 잔치, 음식 같은 궁중 문화, 그리고 군사 훈련, 왕의 의장 행렬, 행사 기구, 장신구, 물가, 인물 등 당시의 일반 생활 모습까지 구체적으로 기록되어 있어요. 특히 중요한 장면은 그림으로 그려져 있어 쉽고 자세하게 이해할 수 있답니다.

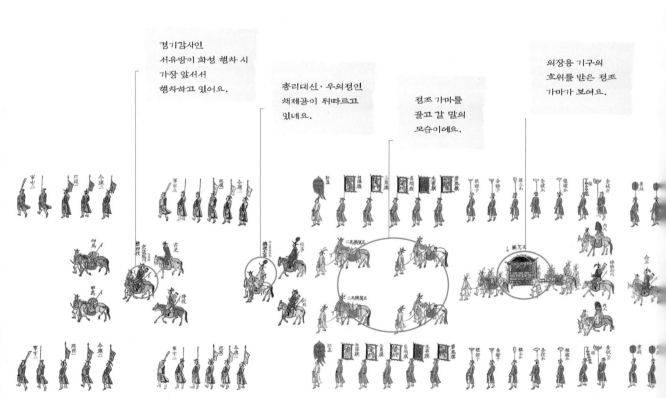

경기감사인 서유방이 화성 행차 시 가장 앞서서 행차하고 있어요.

총리대신·우의정인 채제공이 뒤따르고 있네요.

정조 가마를 끌고 갈 말의 모습이에요.

의장용 기구의 호위를 받은 정조 가마가 보여요.

행사의 여러 가지를 표현한 55매의 그림도 정교한 기록으로 손꼽히지만, 특히 반차도는 장관이 아닐 수 없어요. 인물 1,779명과 말 800여 필이 행진하는 장대한 모습이 자그마치 63쪽에 걸쳐 수록돼 있답니다. 의궤 속 그림은 현장의 모습을 더욱 생동감 있고 입체적으로 표현하고 있어요.

이렇듯《원행을묘정리의궤》가 담고 있는 풍부한 기록은 왕실 행사에 대한 자세한 내용을 우리에게 체계적으로 전해 줄 뿐만 아니라, 과거 우리 조상들이 이루었던 최고 수준의 문화를 종합적으로 보여 주는 기록유산이랍니다. 그래서 의궤는 21세기 문화 컨텐츠의 보물이자, 조선 시대 궁중 생활사를 연구할 수 있는 역사 자료로 귀중한 가치를 지니고 있지요.

원행을묘정리의궤

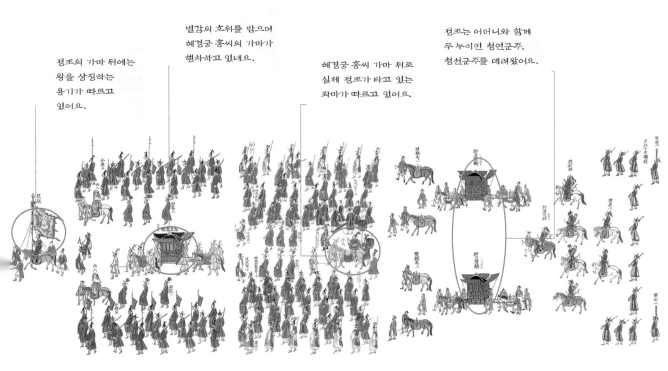

정조의 가마 뒤에는 왕을 상징하는 용기가 따르고 있어요.

별감의 호위를 받으며 혜경궁 홍씨의 가마가 행차하고 있네요.

혜경궁 홍씨 가마 뒤로 실제 정조가 타고 있는 좌마가 따르고 있어요.

정조는 어머니와 함께 두 누이인 청연군주, 청선군주를 데려왔어요.

화성에 담긴 실학 정신

　　조선 시대 성곽의 꽃이라 불리는 화성을 쌓은 배경에는 18세기에 나타난 새로운 학문인 실학의 힘이 컸어요. 화성 축성에 참여한 정약용을 비롯해 모든 학자와 관리들은 실학 정신으로 화성을 빠르면서도 완성도 있게 만들 수 있었지요.

　　정조는 화성을 적으로부터 방어할 수 있도록 기존 성곽의 단점인 성문 방어와 담장의 높이 및 폭을 보완했어요. 뿐만 아니라 중국과 일본의 축성 기법까지도 받아들여 조선의 성곽 기술과 하나로 합쳤지요.

　　하지만 무엇보다 정조는 화성을 쌓으면서 백성들이 고통스러워 하지 않도록 진행하는 것을 가장 중요하게 여겼어요. 그래서 정약용에게 무거

화성장대에 올라 만백성을 지휘하라!

　　화성행궁을 잘 둘러보았나요? 이제 다시 성곽으로 돌아와서, 팔달문에서 화서문으로 가 보아요. 이곳에는 어떤 시설물들이 또 우리를 맞아 줄까요? 화성이 한눈에 보이는 서장대와 화양루는 어떤 이유로 만들었는지 궁금해요. 산성의 장점과 평지 성의 장점을 하나로 합친 수원화성에는 우리 선조들의 지혜와 기술이 한껏 담겨 있답니다.

운 돌을 쉽게 들어 올리는 거중기와 녹로를 만들게 했지요. 정약용은 서양의 과학 기술과 조선의 전통 기계 제작 기술을 합쳐 거중기와 녹로를 만들었어요. 또한 정조는 백성들이 열심히 일한 만큼의 대가를 받아 경제적으로 많은 도움이 되도록 배려했어요. 이런 배려 덕분에 전국의 유능한 장인들이 모두 화성 축성에 모여들었지요. 성을 견고하고 세밀하게 쌓기 위해 벽돌을 사용한 것도 바로 실학 정신에서 비롯되었어요. 이로써 화성은 돌과 벽돌을 이용한 새로운 건축물의 모델이 되었지요. 화성의 모든 시설물에는 당시의 실학 정신이 담겨 있지 않은 것은 하나도 없을 정도랍니다.

화성을 쌓은 사람들

《화성성역의궤》를 그린 화가

화성에 관해 모든 그림이 들어 있는 〈화성전도〉를 그린 사람은 당시 김홍도, 신윤복 등과 어깨를 나란히 한 엄치욱이란 화가예요. 그는 원래 훈련도감 소속의 마병이었는데, 그림 그리는 재주가 뛰어나 참여하게 되었어요. 하늘에서 내려다 보는 듯한 〈화성전도〉는 기록화의 걸작으로 꼽혀요.

🏛 **미장이**
건축 공사에서 벽이나 천장, 바닥에 흙이나 시멘트 등을 바르는 사람을 말해요.

정조가 화성을 짓도록 지시하고 정약용이 기본 설계를 했다면, 실제로 화성을 짓는 일꾼들은 각각의 기술을 가진 백성, 바로 '공장'들이에요. 공장들은 오랜 세월 자기 분야에서 일해 오면서 기술을 쌓은 전문가들이었어요. 이들은 화성을 쌓기 위해 전국 각지에서 모였어요.

화성 축성에 관한 모든 기록이 담겨 있는 《화성성역의궤》에는 전국에서 동원된 석수·목수·미장이·칠장이 등 각각의 기술을 가진 공장들이 각 직종별, 지역별로 이름·일한 곳·일한 날짜 등까지 상세히 기록되어 있어요. 이들 기술자들은 무려 22가지 분야에서 일한 사람들이었어요. 전국 각 지방에서 이름 있는 당대의 명장들과 궁궐에 소속된 전문가들이 자신의 이름을 걸고,

▶▶화성의 남대문, 팔달문

팔달문은 전쟁을 대비한 방어 역할을 한 것만이 아니라 사람이나 물자의 원활한 유통을 중요시한 것을 알 수 있는 문이에요. 팔달문은 성문과 옹성의 모양을 비교해 보았을 때 북쪽 문인 장안문과 비슷해요. 다만 옹성의 크기가 장안문에 비해 약간 작은 것이 다르지요. 팔달문은 축성 당시 모습을 그대로 간직하고 있어서 보물 제402호로 지정되어 있어요.

1910년대 팔달문의 모습

팔달문 성벽의 공사 실명판

충청, 전라, 경상도의 사람들이 이 문을 통과해서 들어와 사통팔달 통한다는 뜻의 팔달문이 된 거야!

화성 축성에 참여하였지요.

화성에서 중요한 시설을 세울 때에는 조정에서
나온 감독관들보다는 현장을 더 잘 아는 석수와
목수들이 '편수'라는 이름으로 공사를 지휘했어요.
그만큼 그들의 전문성과 현장 경험을 높이
인정했다는 걸 알 수 있어요.

뿐만 아니라 기술자들 이외에도 재주가 좋은
승려들과 정조가 총애하던 궁중 화가들이 작업에
참여했어요. 더욱 정확하고 체계적인 설계도를
그리기 위해서였지요. 그들은 공사 기간 동안
혼신의 힘을 다해 자신의 기술을 유감 없이 발휘했답니다. 애초에
10년을 계획했던 공사 일정이 2년 9개월로 당겨질 수 있었던 것은
이들의 힘이 컸다고 할 수 있어요.

노동한 대가를 지불해 기술자들의 사기를 높여라!

원래 조선 시대에는 나라에 큰 공사가 있을 때, 백성들을 불러다 일을 시킬 수가 있었어요. 그래서 이전에는 궁을 짓거나 능과 성을 쌓을 때 백성들의 원성을 사기도 했지요. 그러나 정조는 백성들이 생업을 두고, 화성을 짓는 데 참여하는 건 부당하다고 생각했어요. 그래서 일하는 모든 기술자들에게 임금을 지급했어요. 이 철저한 임금 지급은 공사에 참여한 기술자들의 사기를 북돋아, 열심히 일할 수 있는 밑바탕이 되었답니다.

▶▶군사요충지, 화양루

서남각루는 일명 '화양루'라고도 불리는데, 서장대와 팔달문의 중간 지점 산 기슭에 있는 서남암문 밖으로 난 용도 끝에 위치해 있어요. '화양'이란 화서의 남쪽이란 뜻이며, 화성 방어를 위한 군사적 요충지였어요.

여기서 **잠깐!**

화양루 용도를 거닐며 3행시 짓기!!
화양루에서 바라 본 화성에 대한 느낌을
개성 있게 적어 보세요.

화:

양:

루:

여기가 용도예요

조선 시대의 성(城)

　예전 사람들은 왜 성을 쌓았을까요? 맞아요. 외적의 침입에 대비하기 위해서였어요. 기원전 3세기에 평양성이 있었다는 기록으로 보아 아마도 그 이전부터 성을 쌓았을 것으로 추측해요. 성은 쌓는 재료에 따라 토성, 석성, 벽돌성 등으로 나누어요. 우리나라는 돌을 다루는 재주가 뛰어나고 질이 좋은 화강석이 있어서 거의 대부분 석성을 쌓았답니다.

　조선 초기에는 주로 산성을 많이 쌓았어요. 전쟁이 나면 곡식을 포함하여 생활에 필요한 모든 것을 가지고 산성으로 올라가 전쟁을 했어요. 물자가 공급되지 못한 적군들은 지쳐 돌아가기 일쑤였죠. 세종과 성종 때에는 고려 시대의 토성을 석성으로 바꾸는 한편 그 규모를 확장했어요. 또 서해안과 남해안 같은 해안가에는 읍성을 쌓았어요. 노략질을 일삼는 왜구들이 자주 쳐들어왔기 때문이에요. 한편 북쪽에서는 여진족의 침입을 막기 위해 말을 타고 지나가는 언덕 위에 행성을 쌓았어요.

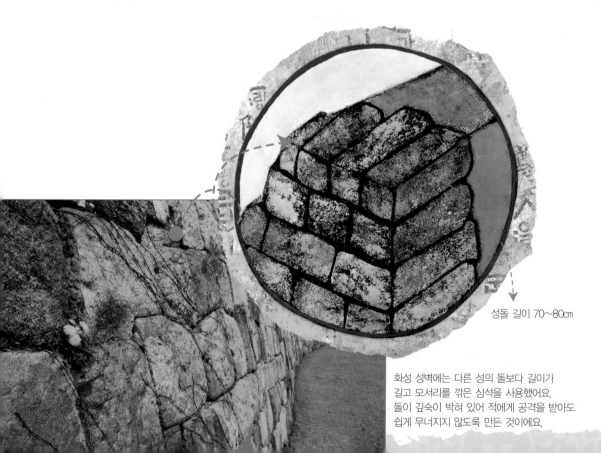

성돌 길이 70~80cm

화성 성벽에는 다른 성의 돌보다 길이가 길고 모서리를 깎은 심석을 사용했어요. 돌이 깊숙이 박혀 있어 적에게 공격을 받아도 쉽게 무너지지 않도록 만든 것이에요.

하지만 오랫동안 평화가 지속되자, 성곽의 관리를 소홀히 하고 새로 쌓는 것에 관심을 두지 않았어요. 하지만 임진왜 란과 병자호란을 통해 성곽의 중요성을 다시 깨달아 조정 에서는 서둘러 험준한 산에 성곽을 설치하고, 산성을 다시 재정비하며 중요 도시에 읍성을 쌓았답니다. 그 당시에는 이전의 성곽에 대한 비판이 있었는데 특히 실학자들은 돌 보다는 중국처럼 벽돌로 성을 쌓는 것이 유리하다고 주장 했어요. 그래서 화성 축성시에 벽돌을 이용한 것이에요. 뿐 만 아니라 우리나라 성곽 중에서 가장 완벽한 구조를 갖추 고 있어요. 거중기와 녹로 등 근대 과학 기기를 사용했 다는 점에서도 매우 높이 평가받고 있답니다.

자연 지형을 살린 성곽

화성은 자연 지형을 그대로 이용하여 쌓 은 것이 특징이에요. 바위를 깎지 않고 용암 위에 방화수류정을 짓는 것처럼 지 형이 높은 곳에 누각을 세워 적을 방어 하고자 했지요. 산성과 읍성의 각각의 특성을 잘 살린 곳이라고 할 수 있어요.

화성 축성에 필요한 건축 재료

6킬로미터라는 어마어마한 길이의 성곽과 화성행궁을 비롯한 많은 시설물들을 짓기 위해서는 참으로 많은 건축 재료들이 필요했어요. 아마 이런 재료를 구하는 데 많은 시간을 보냈을 거예요.

우선 화성 축성의 주재료는 석재(돌)예요. 정약용이 화성을 설계할 당시만 해도 화성 주위에서는 돌을 구할 수가 없었어요. 그래서 흙으로 쌓는 토성을 구상했지요. 그런데 축성 한달 전에 숙지산, 팔달산, 여기산 등에서 돌맥을 발견하여 지금의 석성이 되었어요. 화성의 평지에 쌓은 석재는 화서문 근처에 있는 숙지산에서 큰 돌을 떼어 석공들이 규격에 맞추어 다듬어 사용했어요. 돌의 규격에 따라 값을 매겨 놓았기 때문에 일정한 크기를 맞출 수 있었지요. 이처럼 돌이 다듬어지면 돌을 나르는 일꾼들이 열심히 공사 현장으로 날랐어요.

돌맥
땅속에 묻혀 있는 광석의 줄기를 뜻해요.

▶▶비밀의 문, 암문

만약 전쟁이라도 나면 외적들이 모르는 문으로 다녀야 할 거예요. 바로 이런 기능을 한 암문은 성곽의 깊숙한 곳에 적이 알지 못하도록 만든 화성의 비밀 문이에요. 사람이나 가축이 통과하고 군수품을 조달하기 위하여 설치됐으나 평상시에는 농사를 짓기 위한 문으로 사용되기도 했어요. 그런데 암문이 적에게 발견되면 어떻게 할까요? 암문이 있는 공간을 흙으로 다져서 메꾸어 놓아 적들이 절대 들어오지 못하게 했어요.

북암문은 화성에서 유일하게 벽돌로 좌우 성벽을 쌓았어요.

동암문은 각건대와 동장대 사이에 위치해 있어요.

서암문은 다른 암문과는 달리 출구가 바깥쪽으로 향하지 않고 옆으로 틀어져 있어 밖에서 구별하기가 어렵도록 만든 것이 특징이지요.

암문뿐만 아니라 성의 모든 문은 나무로 만들고, 철판으로 겉을 감쌌어, 불에 타는 걸 방지하기 위해서지.

돌과 함께 많이 쓰인 것은 벽돌이에요. 당시 중국에 다녀온 **박지원**, 박제가, 홍대용, 이덕무와 같은 실학자들이 벽돌 사용을 주장했어요. 이전에도 강화외성을 쌓는 데 벽돌이 쓰였지만 기술력이 모자라 큰 효과를 보지 못했어요. 수원화성을 지을 때에는 새로운 기술을 개발해서 아주 튼튼한 벽돌을 만들게 되었죠. 벽돌은 지금의 경기도 의왕시 사근참에서 가마를 만들어 구웠어요. 그곳에서 구운 벽돌을 수레를 이용하여 공사 현장으로 가져온 것이에요. 이곳에서 벽돌과 함께 기와도 구웠는데 같은 방식으로 날랐어요.

화성을 쌓는 데는 목재도 많이 사용되었어요. 기둥이나 대들보에 쓰일 큰 나무는 충청남도 안면도에서 바람에 쓰러진 나무들을 우선 가져다 썼어요. 나무를 하나라도 보호하고자 하는 정조의 마음 때문이었죠. 누각을 짓는 데 사용하는 느티나무는 전라도의 깊은 산간에서 구해 오기도 했어요. 관청에서 직접 만들거나 구입한 것 외에 나머지 재료들인 종이, 붓, 먹, **단청** 재료인 뇌록이라는 물감, 숯, 석회 등은 상인들을 통해 구입했어요.

박지원
조선 정조 때의 실학가로 호는 연암이에요. 청나라에 다녀온 후 《열하일기》를 썼어요.

단청
옛날 집의 벽, 기둥, 천장 등에 여러가지 빛깔로 그림이나 무늬를 그린 것을 말해요.

암문을 자세히 보면 그 당시 사람들의 지혜를 엿볼 수 있단다.

여기서 **잠깐!**

서남암문은 팔달산의 한쪽 높은 곳에 있어서 전망이 좋아요. 특별히 적을 감시하는 포사를 설치했어요.

비밀 통로인 암문을 열어라!
암문을 잘 살펴보면 다른 문에 비해 작아요. 그렇다면 암문은 어떻게 열릴까요? 그림을 보고 정답을 찾아보세요.

① 바깥쪽으로 민다.　② 안쪽으로 당긴다.　③ 옆으로 민다.

정답은 72쪽에

화성 축성의 일등 공신, 과학 기기

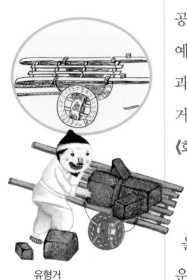

유형거

화성이 2년 9개월 만에 완성된 것은 정말 놀랄 일이에요. 처음 공사를 계획했을 때, 정조와 신하들도 10년은 걸릴 것으로 예상했는데 3년이 안 되어 화성이 완성된 거예요. 그 이유는 바로 과학 기기를 사용했기 때문이에요. 새로운 운반 도구인 유형거와 거중기, 녹로 등이 바로 그 주인공이지요. 화성에 대한 기록인 《화성성역의궤》을 보면 짐을 실어 나르는 운반 도구인 유형거 11량이 창안·제작되었다고 기록되어 있어요. 바로 정약용에 의해서 이루어진 것이에요. 유형거는 짐을 싣고도 경사지를 쉽게 올라갈 수 있도록 만든 것이에요. 돌덩어리·벽돌·목재 등을 운반하는 데 편리하고, 바퀴가 튼튼한 것이 특징이에요. 유형거 덕분에 공사 기간 단축은 물론 비용 절약에도 큰 보탬이 되었지요.

▶ 군사를 지휘하는 곳, 장대

화성에서 전쟁이 일어난다면 군사를 총지휘하는 곳은 어디일까요? 바로 서장대예요. 서장대는 성 전체가 한눈에 들어오기 때문에 모든 전투와 훈련을 통제할 수 있었어요. 2층 누각으로 만들었는데, 이는 중요한 건물은 2층으로 만드는 전통을 따른 것이에요. 1795년, 어머니인 혜경궁 홍씨의 회갑연 당시 정조가 이곳에서 군사 훈련을 총지휘했어요.

또 하나 주목할 것은 거중기를 만들어 사용한 거예요. 거중기는 이전에 민간에서 사용하던 녹로의 원리를 한층 발전시킨 것이에요. (52쪽에서 좀 더 자세한 설명이 나와 있어요.) 그 밖에도 석저, 용관자, 대거와 같은 도구들이 사용되었어요. 석저는 '돌달구' 라고도 하는데, 축성 공사의 바닥을 튼튼하게 다지기 위해 사용했던 도구예요. 용관자는 정확한 기능은 알 수 없지만 흙을 담아 위로 올리는 데 사용하는 도구였을 것으로 짐작해요. 대거는 소 40마리가 끄는 수레로 8량이 만들어졌으며, 제일 큰 돌을 운반하였어요.

이처럼 많은 전문가들과 과학 기기 등을 통하여 화성을 좀 더 튼튼하고 아름답게 만들 수 있었어요.

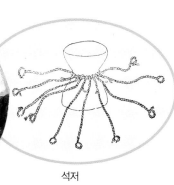

용관자

석저

▶▶ 활을 쏘기 위한 노대

노대는 서장대 바로 뒤에 쇠뇌를 쏘기 위하여 높이 지은 것으로, 수원이 한눈에 들어와요. 특히 서노대의 생김새는 아주 특이해요. 팔각형 평면으로 위로 올라가면서 전체 폭이 좁아지는 독특한 모습이랍니다. 우리나라에서는 만들지 않던 방어 시설로, 중국의 병서 《무비지》를 모방해서 지은 것이에요.

東北督臺內圖

동북노대 내도

東北督臺外圖

동북노대 외도

쇠뇌

쇠뇌는 활보다 멀리 쏠 수 있는 장거리 공격용 무기로 2,500여 년 전부터 사용되었는데, 무려 700미터 가까이 날아가요. 우리나라에서는 삼국 시대부터 사용했어요. 쇠뇌의 촉은 아주 크고 청동으로 만들어 강력한 무기였지요.

뛰어난 과학 정신의 열매, 거중기

화성 축성에 사용된 과학 기기들을 살펴보았지요? 그럼, 그중에서도 매우 중요하게 사용되었던 거중기에 대해 자세히 살펴볼게요. 지금부터 거중기가 어떻게 만들어졌고, 어떤 원리로 작동되었는지 알아보아요.

《화성성역의궤》에 있는 녹로 모습

사실 거중기는 정약용이 만들었지만, 그 원리는 이전부터 백성들의 생활에서 사용하던 녹로를 한층 발전시킨 것이에요. 화성 축성을 지시한 정조는 무거운 돌을 높은 곳으로 올리다가 다치는 사람이 없도록 돌을 들어올리는 기계를 만들라는 지시를 내렸어요. 그 후 정약용은 기계들의 모습과 세부 내용을 적은 《기기도설》이라는 책에서 도르래의 원리를 이용하여 물건을 들어올리는 거중가를 보고, 우리 백성들이 사용하는 녹로의 원리와 합쳐 새로운 거중기를 창안했어요.

정약용은 도르래를 많이 사용하면 할수록 사람들의 힘이 절약된다는 것을 깨달았어요. 기계 없이 100킬로그램짜리 물건을 들어 올리려면 100킬로그램의 힘이 필요한데 도르래 1개를 사용하면 100킬로그램짜리 물건을 50킬로그램의 힘만 있으면 들어 올릴 수 있다는 것을 터득한 것이지요.

거중기는 4미터 높이에 위로 4개, 아래로 4개의 도르래가 매달려 있어요. 그리고 가장 높은 가로 막대에 두개의 도르래를 더 달아 힘을 줄여 주었어요. 거중기는 현장에서 직접 사용할 때 엄청난 위력을 발휘했어요. 당시 큰 돌 한 개의 무게가 1만 2천 근이었는데, 7톤 트럭보다 더 무거운 큰 돌을 30명이 양쪽에서 줄을 감아 돌을 움직일 수 있었던 것이죠. 거중기 때문에 화성 축성 비용이 4만 냥이나 절약되었답니다.

화성박물관에 전시된 거중기

실학의 나라, 조선

임진왜란과 병자호란 이후 전쟁의 피해로 백성들의 삶은 더욱 어려워졌어요. 당시 우주의 이치와 인간의 도리를 탐구하는 성리학은 실제 백성들의 고달픈 삶을 해결해 주지 못했어요. 이런 문제점을 극복해 나라가 튼튼해지고 무엇보다 백성들의 실생활을 돕기 위한 실학이 새롭게 떠올랐지요. 유형원, 정약용, 박제가 등이 대표적인 실학자들이에요. 이들은 화성 축성에도 많은 도움을 주었는데 벽돌의 사용이나 거중기·녹로와 같은 과학 기기의 사용을 주장했지요.

화성성역의궤가 남긴 것

'화성'이라는 이름이 단순히 성곽만을 의미하지는 않는다고 했지요?
맞아요. 화성은 도시 이름이자 성곽 이름이기도 해요. 정조는 1789년 수
원부 고을을 이전하고 4년 뒤인 1793년(정조 17) 1월에 수원을 '화성유수
부'로 승격시켰어요. 오늘날과 비교해 보면 기초자치단체가 광역자치단
체로 높아진 것과 같아요.

중국에서 최고 성군으로 불리던 요임금 시절, '화'라고 하는 나라의 사
신이 요임금에게 부유함과 건강, 나라의 인구가 늘어나는 것에 대해 축원
을 했어요. 이런 유래를 바탕으로 정조는 자신이 만든 도시인 수원이 모

화성의 서북쪽을 방어하라!

화성의 다양한 시설물 중에서 정조가 특별히 아낀 건물이 있어요.
무엇일까요? 이곳에서는 정조가 우리 역사상 최초의 건물이라고
자랑했던 화서문과 서북공심돈을 볼 수 있어요. 화서문에 올라
200여 년 전 정조의 우렁찬 기상을 그대로 따라해 볼까요?
또 평지의 성벽은 어떤 방법으로 쌓았는지도 살펴보아요.

두가 오래 살고 부유하며 인구가 번성하기를 기원하면서 '화성'이라고
이름을 지은 것이지요.

그런데 어떻게 화성에 대해 이토록 자세히 알 수 있을까요? 그건 바로
화성에 관한 기록이 남아 있기 때문이에요. 바로 화성 축성의 전 과정을
정리한 《화성성역의궤》 덕분이지요. 1795년 정조의 화성 행차를 기록한
《원행을묘정리의궤》와 함께 완벽한 기록을 자랑한 조선의 문화유산 중
하나예요. 찬란한 기록 정신 덕분에 지금처럼 우리가 화성으로 체험학습
을 갈 수 있는 것이랍니다.

완벽한 공사 보고서, 화성성역의궤

조선은 기록을 중시한 나라예요. 인류가 보호해야 할 세계기록유산으로 인정받은 《승정원일기》나 《조선왕조실록》이 그 사실을 증명하고 있고, 나라에 큰 행사가 있을 때마다 그 내용을 세세히 기록해 책으로 엮은 '의궤'를 통해 알 수 있지요. 그중 화성을 세계문화유산으로 등재하기까지의 일등공신인 《화성성역의궤》는 정말 놀라운 기록유산이에요.

《화성성역의궤》는 정조가 화성을 짓기 시작할 때부터 공사에 관한 모든 내용을 기록한 화성 공사 보고서예요.

10권 9책으로 구성된 이 의궤는 성곽 건축에 대한 엄청난 내용이 아주 상세하게 기록되어 있어요.

그래서 그 기록만으로도 큰 역사적 가치가 있지만, 우리나라의 성곽 건축의 획을 그은 기록으로도 높이 평가받고 있답니다.

의궤를 만드는 의궤청

조선에서는 국가의 중요한 행사가 열리면, 진행되는 과정에서 모든 사항을 낱낱이 기록해 두었어요. 그리고 행사가 완료되면, '의궤청'이라는 기관을 설치해, 여러 자료를 수집하고 정리하여 의궤를 만들어 낸답니다. 이렇게 의궤라는 보고서를 펴내고, 왕과 관련 기관에 보고한 다음에야 모든 행사가 마무리됐다고 보았어요.

▶▶화성의 서쪽 대문, 화서문

화서문은 화성의 서쪽을 지키는 대문이에요. 화성에서 서해안 바닷가로 가기 위해서 통과하는 대문이지요. 초대 화성 유수였던 채제공이 쓴 편액이 지금도 그대로 남아 있답니다. 화성 축성 당시의 모습을 그대로 간직하고 있어 보물 제403호로 지정되어 있지요. 특히 땅의 지형을 그대로 살려, 서북공심돈과 어우러진 모습이 유명하답니다.

서쪽 대문인 화서문은 동쪽 대문인 창룡문과 같이 한쪽이 트인 옹성으로 되어 있단다.

화서문 내도

화서문 외도

《화성성역의궤》에는 화성을 짓는 데 필요한 일정과
경비, 그리고 담당자 명단은 물론이고,
중요 건축물과 도구들까지 그림으로 자세히
설명돼 있어요. 또 왕이 어떤 명령을 내렸고,
신하들은 무슨 건의를 했는지, 인부들의 회식
잔치나 관청들 사이에 오고 간 문서까지도 기록되어 있답니다.
각 건물을 지은 기술자들의 이름과 출신, 며칠을 일해 얼마의 돈을
벌었는지, 자재의 단가까지 화성과 관계된 모든 것을 기록함으로써
부정부패 없이 투명하게 공사를 진행시킬 수 있었지요. 또 모든
공사는 실명제로 이루어져 일하는 사람들에는 책임감을 주는 동시에
자부심을 심어 주었지요.

  1975년에 시작된 화성 복원 공사가 불과 3년 만에 원형에 가까운
모습으로 재현될 수 있었던 것도 바로 《화성성역의궤》 덕분이에요.
이처럼 《화성성역의궤》는 기록을 소홀히 여기는 우리들에게
본보기가 되고 있지요.

화성성역의궤

장안문에서 출발할 때
깃발 색에 대한 얘기를
했는데, 주의 깊게 들은
친구들은 금방 알아챌 거야.

여기서 잠깐!

화서문을 지키는 동물 친구를 찾아라!
화성의 네 개의 성문에는 문을 지키는 동물들이 그려져 있어요.
옛날에는 방향에 따라 수호신을 상징하는 동물이 따로 있었어요.
화성의 서쪽 대문인 화서문을 지키는 동물 친구는 누구일까요?

❶청룡　　❷백호　　❸주작　　❹현무

힌트 : 화서문 주위의 깃발을 보세요. 하양이죠? 하양을 상징하는 동물이
　　　무엇인지 생각해 보세요.

☞정답은 72쪽에

세도 정치 속에 잊혀져 간 화성

조선을 약하게 만든 세도 정치

세도 정치는 원래 올바른 생각을 가지고 나라를 아름답게 다스리는 정치를 말하는 것이었어요. 하지만 조선 시대에는 본래의 뜻과 다르게 국왕 주위의 힘있는 사람들이 왕을 무시하고 독단적으로 나라를 다스려 백성들을 고통스럽게 했던 정치를 일컫는 말이었어요. 흔히 정조가 죽고 난 후 국왕의 외척인 안동김씨, 풍양조씨, 여흥민씨들이 권력을 잡은 정치를 말해요.

명목
겉으로 내세우나 실속은 없는 것을 말해요.

유배
죄인을 먼 시골이나 섬으로 보내 일정 기간 동안 살게 하는 벌이에요.

1800년 6월 23일, 한달 가까이 온몸에 난 종기로 고생하던 정조가 49세의 나이로 갑자기 죽음을 맞이했어요. 새로운 신도시 화성을 건설하여 백성들을 위한 정치를 펼치고자 했던 정조의 죽음은 조선 후기에 많은 영향을 주었어요.

정조의 죽음 이후 아들인 순조가 왕으로 즉위했지만 12살의 어린 나이였어요. 그래서 정조의 할머니였던 정순왕후가 순조를 대신해서 국가의 모든 정책을 좌지우지했지요.

정순왕후는 먼저 천주교도를 탄압한다는 **명목** 아래 정조와 가까운 남인 실학자들 대부분을 귀양을 보냈어요. 화성을 설계한 정약용 역시 전남 강진으로 18년 간 **유배**를 가야 했지요.

물론 실학자 모두가 유배를 간 것은 아니에요. 중국과의 교류를 주장했던 북학파 실학자들은 유배를 떠나지 않았어요. 정순왕후가

▶▶서북공심돈

화성 축성 초기에 정조는 공심돈의 모양과 설계에 대해 지시했어요. 그리고 화성 축성이 끝난 1797년 1월, 화성에 내려온 정조는 공심돈을 보고 크게 만족했다고 해요. 현재 서북공심돈은 옛 모습 그대로예요. 3층으로 된 내부의 2층과 3층 부분은 마루를 깔았고, 사다리를 놓아 위아래로 통하도록 했어요. 이 안에 들어간 군사들은 작은 구멍으로는 백자총, 큰 구멍에는 불랑기포를 쏘았답니다.

서북공심돈 내도

서북공심돈 이도

국정을 다스린 지 4년 후, 순조가 직접 나라를 다스리고자 했지만
외척 세력들이 이미 정치의 중심에 있었어요. 이때부터 본격적인
세도 정치의 시대로 접어들게 되었어요. 일부 가문이 나라의 권력을
장악한 세도 정치로 인해 백성들은 많은 고통을 받게 되었어요.

화성은 유수부의 지위를 계속 유지하며, 왕들의 행차가 현릉원과
정조의 건릉에 이어졌어요. 또 1년에 한 번씩 화성의 백성들을 위해
치르던 특별 과거 시험은 왕이 화성에 행차할 때마다 계속되었지요.

하지만 화성의 위상은 점점 낮아졌고, 사람들 사이에서 서서히
잊혀져 갔답니다.

여기서 잠깐!

보기를 보고 빈칸을 채워라!

아래 설명을 읽고 빈칸에 알맞은 말을 써 보세요.

정조는 '아름답고 화려한 것은 적에게 위엄을 준다.'
며 화성을 그렇게 지으라고 했어요. 그래서 화성에는
역할이 같아도 겉모양은 새롭고 다양한 건물들이
있어요. 서북공심돈과 동북공심돈이 그중 하나예요.
두 공심돈은 하늘과 땅과 사람의 조화로움을
나타낸답니다. 하늘은 _____ ① _____ , 땅은 _____ ② _____
라는 천원지방 생각을 담고 있지요. 자, 실제로
모양을 보니 동북공심돈은 _____ ① _____ 모양인데,
서북공심돈은 _____ ② _____ 모양이지요?

공심돈은 방어와
공격을 동시에 할 수 있게
만든 수원화성의
자랑거리란다.

보기

둥글다, 세모지다, 네모지다

☞정답은 72쪽에

세계인에게 주목받는 수원화성

중국의 만리장성, 일본의 히메지 성, 프랑스 샹보르 성, 영국의 헤이드리안 성곽, 덴마크의 크렌보르그 성은 모두 세계문화유산으로 등록된 성이에요. 이와 함께 어깨를 나란히 하며 세계문화유산 목록에 등재된 우리의 성이 바로 화성이랍니다. 처음 유네스코에서는 화성을 군사 건축물로만 평가했어요. 그러나 시간이 지나면서 처음의 평가와 달리 화성을 쌓은 과학 기술과 자연과 어우러지는 건축 기법, 백성을 사랑하는 정조의 마음을 높이 평가했다고 해요. 그리고 무엇보다도 기록을 통해 복원된 화성을 보며, 우리의 문명이 얼마나 발달했는지를 인정하였어요. 그렇다면 외국의 성들과 달리 수원 화성의 어떤 점이 높이 평가받고 있는지 살펴보아요.

▲일본의 히메지 성

▲프랑스의 샹보르 성

우선 성의 기능이 확연히 다르답니다. 유럽과 일본의 성은 비상시에 피난처나 요새의 역할을 하기도 했지만, 주로 왕이나 영주의 저택으로 생활 주거지의 성향이 강한 공간이었어요. 그러나 화성은 왕을 위한 행궁과 관아, 그리고 백성들의 집과 시장이 함께 어우러진 도시로서의 기능을 가진 성이에요. 백성들의 집을 부수지 않고 그 외곽으로 둘러쌓는 등 성 안에 사는 백성들을 배려한 점을 높이 산 것이랍니다.

또 화성과 그 안의 도시 기반 시설들이 2년 9개월이라는 짧은 시간에 완성되었다는 사실에 많은 사람들은 감탄했어요. 성을 쌓을 때 수준 높은 과학 기술을 사용하고, 군주 국가인데도 공사에 참여한 백성들에게 임금을 준 것에 대해 놀라워했지요.

세계문화유산 화성
世界文化遺産華城
THE WORLD HERITAGE HWASŎNG FORTRESS

뿐만 아니라 영국의 건축학자 에딘 하워드는 화성을 세계 최초의 전원도시로 평가했어요. 사실 화성은 자연환경을 세심하게 고려하여 만든 성곽이에요. 성 안에 3곳의 저수지를 만들고, 주변에는 꽃과 나무를 심었어요. 또 성곽을 쌓을 때에도 주변의 산 능선을 허물지 않고, 본래 지형을 따라 성벽을 이었답니다. 성곽 바깥쪽에 적의 침입을 막는 '해자' 라고 하는 물길 대신 논을 만들어 농사를 지을 수 있는 동시에 자연스럽게 성곽을 방어하는 기능을 할 수 있도록 했지요. 이렇게 자연과 조화를 이룰 수 있도록 철저하게 자연미를 살려 설계한 점이 화성을 높이 평가하고 있는 이유 중 하나예요.

또 일제 강점기와 한국 전쟁으로 파괴된 이후에《화성성역의궤》라는 기록을 통해 본래의 모습에 가깝게 복원됐다는 사실에 찬사를 보냈어요. 세계적으로 세세한 공사 보고서와 함께 존재하는 건축물은 거의 없거든요. 현재 화성의 성곽 내부는 사람들이 많이 살게 되면서 원래의 모습을 많이 잃어버렸어요. 하지만《화성성역의궤》를 통해 성곽의 재현은 앞으로도 얼마든지 가능하기 때문에 또다시 주목받는 화성으로 거듭날 날은 멀지 않았답니다.

파괴와 복원, 세계문화유산으로!

　지금 우리가 볼 수 있는 화성은 200년 전의 모습을 그대로 담고 있지만 다시 지은 것이에요. 만약 화성이 파괴되지 않고 200여 년 전의 모습 그대로였다면 얼마나 좋을까요? 하지만 한국 전쟁이 일어나면서 화성은 엄청난 피해를 보았어요. 일본은 화성행궁의 건물을 철거하고 자신들을 위한 건물을 지었어요. 해방이 된 후에는 한국 전쟁이 나서 몇몇의 시설물만 남겨 놓고 대부분이 흔적만 남기고 사라져 버렸어요.

1995년 화성행궁 발굴 현장

　그 후 1975년부터 《화성성역의궤》를 기준으로 화성 원래의 모습으로 만들기 위해 많은 노력을 기울였어요. 이러한 노력이 있었기에 화성은 1997년 12월 6일 세계문화유산으로 당당히 등록될 수 있었어요. 창덕궁과 더불어 1997년 12월 6일,

맞배지붕

우진각 지붕

▶▶북서포루와 북포루

북서포루는 장안문 옆 북서적대와 북포루 사이에 있어요. 북동포루와 함께 지붕이 특이해요. 성 안쪽은 맞배지붕이고 바깥쪽은 우진각 지붕이지요. 화성의 아름다움을 대표하는 지붕을 가진 시설물이에요.

세계문화유산으로 당당히 인정받은 것이지요.

특히 세계유산위원회에서는 화성은 "동서양을 망라하여 고도로 발달된 과학적 특징을 고루 갖춘 근대 초기 군대 건축물의 뛰어난 모범이다."라고 했어요. 그리고 유네스코 심사위원으로 화성을 방문한 실바 교수 역시 "화성의 역사는 불과 200년밖에 안 됐지만 성곽의 건축물이 동일한 것이 없이 각기 다른 예술적 가치를 지니고 있다는 것이 특징이다."라고 감탄할 정도였지요.

이렇듯 화성은 동양에서 중요한 가치인 '효' 사상을 중심으로, 정조의 개혁 정신과 백성을 사랑하는 마음, 그리고 과학 기술과 새로운 학문에 대한 개척 정신이 모두 담겨 있는 세계 유일의 성으로 인정받는 데 손색이 없답니다.

유네스코에서 기록한 세계문화유산 목록이에요. 수원화성에 관한 내용을 찾아보세요.

유네스코 홈페이지에서 볼 수 있는 수원화성

현안

북포루는 화성에 있는 포루 중 하나로, 장안 문과 화서문의 중간쯤에 위치하여 거의 일직 선으로 있는 북서포루와 함께 성벽에 다가서 는 적을 공격할 수 있도록 설치한 것이에요. 현안이 1개가 있는데 다른 어느 현안보다 훌 륭하게 만들었어요.

여기서
잠깐!

내 생각을 말해 봐!
북서포루는 성 바깥쪽으로는 우진각 지붕이지만 안쪽으로는 맞배지붕이에요. 그래서 마치 반토막짜리 지붕처럼 보여요. 왜 이렇게 지붕을 만들었을까요? 상상해서 적어 보세요.

성 안에 말을 타고 다니는 장수를 위해서야.

아름답게 보이기 위한 새로운 시도였을 거야.

조선의 실학 정신이 깃든 수원화성

화성을 다 돌아본 느낌이 어떤가요? 유네스코에서 인정했듯이 어느 건물 하나 동일한 것 없이 다양한 모습을 하고 있지요? 참으로 아름답고 놀라운 성곽이에요.

21세기 최첨단의 시대인 요즘에도 아파트를 짓는 데 5~6년이 걸리는데, 이 어마어마한 성곽을 만드는 데 채 3년도 안 걸렸다니 그저 놀라울 뿐이에요. 책임감을 가지고 열심히 일한 전문가들과 백성을 아끼는 정조의 마음이 있었기에 가능했을 거예요. 또한 정약용과 같은 실학자들에 의해 거중기, 녹로 등 다양한 과학 기기가 동원되어 공사 중에 일어날 수 있는 위험한 일을 줄일 수 있었답니다.

특히 공사에 참여한 백성들의 건강을 위해 '제중단'이라는 영양제와 더위를 이기는 데 좋은 척서단, 그리고 겨울철에는 솜옷과 털모자를 만들어 준 정조의 마음 씀씀이 때문에 백성들은 더욱 열심히 일했다고 해요.

정조는 서울에 버금가는 도시로 만들기 위해 화성이라는 이름을 붙었어요. 농업을 활성화시키기 위해 성곽 주위에 대규모 농장과 저수지를 만들었을 뿐만 아니라 화성을 국제 무역 도시로 만들기 위해 전국 최고의 부자들을 불러 모아 장사를 하게 했답니다. 8일 간의 화성 행차에서도 살펴보았듯이 왕실 문화와 평민 문화가 하나로 어우러진 곳이 바로 화성이랍니다.

이렇게 화성을 큰 도시로 만들고자 한 것은 정조가 훗날 왕위를 물려주고 이곳에서 백성을 위한 새로운 정치를 하겠다는 소원을 가지고 있었기 때문이에요. 안타깝게도 꿈으로 끝나고 말았지만 말이에요.

정조의 꿈과 조선의 실학 정신이 녹아 있는 신도시, 수원화성! 어린이 여러분도 신도시를 계획한 정조와 당시 수많은 사람들처럼 선진적인 성곽인 수원화성을 더욱 사랑하고 아껴 주세요.

나는 수원화성 박사!

열심히 수원화성을 둘러본 친구들, 모두 수고했어요. 웅장한 대문부터 아기자기하고 예쁜 시설물까지, 수원화성은 참 여러 가지 모습을 가지고 있지요. 이제부터는 체험학습을 얼마나 잘했는지 알아보도록 할게요.

❶ 화성 성곽의 이름을 알아맞혀 보세요.

위에서 내려다본 화성의 모습이에요. 꼼꼼하게 돌아본 친구들이라면 시설물의 이름을 알아맞힐 수 있을 거예요. 빈칸을 완성해 보세요.

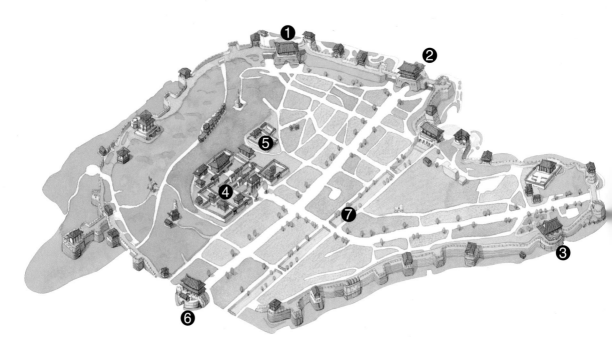

❶ (   )   ❷ (   )

❸ (   )   ❹ (   )

❺ (   )   ❻ (   )

❼ (   )

② 알맞은 것끼리 연결하세요.

화성 성곽에 있는 시설들과 각각의 설명이 맞는 것끼리 연결해 보세요.
수원화성을 잘 둘러본 친구들이라면 재미있게 풀 수 있겠죠?

노대 •

• •

• 치성 위에 대를 만들고
그 위에 지은 누각을 말해요.

암문 •

• •

• 서장대 바로 뒤에 쇠뇌를 쏘기
위하여 높이 지은 것이에요.

서장대 •

• •

• 수원화성의 북쪽 문이이에요.
정문이기도 해요.

동북공심돈 •

• •

• 2층 누각으로 만들었고,
군사를 총지휘하는 곳이에요.

방화수류정 •

• •

• 둥근 원처럼 생겨 '소라각'이
라고 부르기도 했어요.

포루 •

• •

• 화성 축성 시 무거운 돌을
들어 올리기 위한 도구예요.

장안문 •

• •

• 꽃을 쫓아가고 버드나무를
따라간다는 뜻의 정자예요.

거중기 •

• •

• 화성의 비밀 통로예요.

정답은 72쪽에

나는 수원화성 박사!

❸ 혜경궁 홍씨의 회갑연 초대장을 만들어 보세요.

정조는 평생 동안 고생한 어머니 혜경궁 홍씨의 회갑을 맞이하여 그 기쁨을 화성 주민들과
함께 했어요. 어머니를 향한 정조의 효심을 헤아려 보고, 직접 초대장 문구를 써 보세요.

❹ 가상 뉴스를 읽고 질문에 대답해 보세요.

1800년 6월 30일, 그동안 종기로 고생하던 정조는 다행히 완치가 되어 오랫동안 병으로 미뤄 두었던 일들을 처리하기에 바쁘다고 합니다. 우선 순조에게 그동안 진행해 왔던 왕의 업무를 인수인계하는 데 대부분의 시간을 보낼 예정이라고 합니다. 인수인계를 마친 후에는 당분간 휴식을 취한 후에, 곧바로 화성으로 내려가 새출발을 할 것으로 알려졌습니다.
이 소식을 들고 화성 시민들은 흥분과 기대감으로 가득 차 있다고 합니다. 화성이 앞으로 어떻게 변하게 될지, 조선은 어떤 방향으로 달라질지 귀추가 주목됩니다.

해피신문 김준혁 기자

만약 정조가 갑자기 죽지 않고 원래의 계획대로 왕위를 물려준 후, 화성에 와서 새로운
정치를 펼쳤다면 어떻게 되었을까요?

❺ 십자말풀이를 해 보세요.

								2	2
1	1								
						3			
				3		4			
		5		7					
		4				6			
	5								
						7			

〈가로 열쇠〉

1. 화성의 성벽에 축성 책임자의 이름과 일꾼들을 관리하는 패장을 적은 것이에요.

2. 성곽의 담을 가리키는 말로, '타' 혹은 '성가퀴' 라고도 해요. 외적으로부터 우리 군사들의 몸을 보호하기 위해 쌓은 것으로 총을 쏘는 구멍이 세 개가 있어요.

3. 조선의 실학 정신으로 세워진 신도시로, 정조의 계획 아래 정약용이 설계한 곳이에요. 이전에 볼 수 없었던 옹성, 치성, 공심돈 등 최신식 기법과 과학 도구가 사용되어 세계문화유산으로 등재된 곳이에요.

4. 정조가 수원으로 행차했을 때 맞이하는 문으로, 화성의 북문이에요.

5. 장안문과 팔달문 옆에 길고 네모나게 쌓아올려 담을 쌓고 성문을 공격하는 외적에게 총과 대포를 발사하게 하는 공간이에요.

6. 서울을 방비하는 주요 도시로서 북쪽으로 개성, 동쪽으로 광주, 서쪽으로 강화, 남쪽으로 화성이 있어요.

7. 4미터 높이의 본체에 위에 4개, 아래로 4개의 도르래가 달려 있어요. 화성을 쌓을 때 썼던 도구예요. 무거운 돌을 높은 곳으로 올리는 네 효과석으로 사용했어요.

〈세로 열쇠〉

1. 정조의 아버지로 당파 싸움에 휘말려 28살의 나이로 뒤주에 갇혀 죽었어요.

2. 장대하고 용맹스러운 부대라는 뜻이에요. 조선 시대 최고의 무사들이 모인 부대로, 화성을 지키는 데 온 힘을 다한 군대예요.

3. 성문을 보호하기 위해 항아리를 반쪽으로 자른 것과 같은 모습으로 둘러쌓은 성이에요.

4. 북쪽에 있는 북수문으로 물이 흘러 내려오는 7개의 무지개문이 있어요. 수문 위에 누각이 있는 곳은 우리나라에서 이곳뿐이에요.

5. 조선 시대 화성의 군사들이 무예를 훈련하던 곳이에요.

6. 무거운 돌을 싣고도 경사지를 쉽게 올라갈 수 있어서 돌덩어리 · 벽돌 · 목재 등을 운반하는 데 편리하고, 바퀴가 튼튼한 것이 특징이에요.

7. 성곽의 깊숙하고 후미진 곳에 적이 알지 못하도록 출입구를 내어 사람이나 가축이 통과하고 군수품을 조달하기 위하여 설치된 문이에요. 비밀 문이죠.

☞ 정답은 72쪽에

견학 안내지 잘 만들기

수원화성 답사는 잘 마쳤나요? 그렇다면 수원화성에 가 본 적이 없는 친구에게 화성을 소개하는 견학 안내지를 만들어 보면 어떨까요? 견학 안내지를 만드는 동안 견학 때 배운 것을 다시 한번 익힐 수 있을 거예요.

견학 안내지는 이렇게 만들어요!

유적지나 박물관에서 현장을 소개하는 안내지를 본 적이 있나요? 이런 안내지는 견학할 현장을 이해하는 데 도움을 주지요. 먼저 크기를 정하고, 무슨 내용을 담을 것인지를 정해야 해요. 견학지의 모든 것을 담기보다는 자신이 가장 흥미로웠던 내용을 바탕으로 꾸며 보세요.

견학지 소개
견학을 갈 장소에 대한 정보를 간단하게 넣어요. 견학가는 곳이 왜 만들어졌는지, 어떤 사연이 있는 곳인지 정리해요.

손으로 쓸까? 컴퓨터로 만들까?
무엇보다 자신에게 익숙한 방법을 쓰세요. 무엇보다 다른 사람이 알아보기 편하게 만드는 것이 중요해요.

접는 선

가기 전 준비
견학을 가기 전 준비해야 할 내용들을 넣어요. 무엇보다 관람 시간 안내와 가는 길에 대한 정보를 빠뜨리면 안 돼요.

기타
안내지를 만들 때 도움이 됐던 참고 자료를 표시해요. 또, 안내지를 다 만들고 난 후 소감을 소감을 써 보는 공간을 만드는 것도 좋겠지요.

메모란
수첩에 기록하는 것도 좋지만, 미처 준비하지 못한 친구들을 위해 메모란이 있다면 도움이 될 거예요.

표지
표지에는 견학할 곳을 대표하는 사진을 붙여요. 또 견학 장소에 대한 느낌을 부제목으로 넣어도 좋아요.

견학 내용
견학 내용은 여러분이 인상 깊게 견학한 것을 소개해요. 또 견학 중 반드시 챙겨 보아야 할 곳에 대해서도 알려 주면 좋아요.

견학지 안내도
견학지의 안내도를 한눈에 볼 수 있어 답사 코스를 정하는 데 도움이 돼요. 또 길을 잃어버릴 염려도 없고, 원하는 곳을 쉽게 찾아갈 수 있어요.

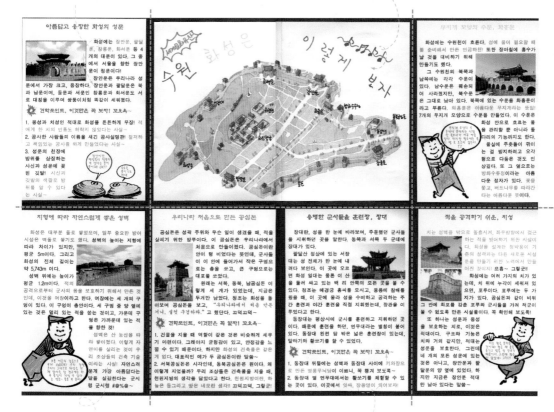

접는 선

사진이나 그림
안내지를 만들 때 필요한 사진이나 그림은 되도록 직접 찍거나 그리도록 해요. 가져온 안내지나 신문, 잡지 등에서 오려 붙이거나 인터넷에서 찾아 활용해도 좋아요.

안내지의 크기와 면수
안내지의 크기는 자유롭게 결정하세요. 다만 견학을 할 때 손에 들기 불편함이 없어야 해요. 그리고 몇 개의 면으로 접어야 할지 결정해서 내용을 담아요.

●위 〈견학 안내지 잘 만들기〉는 '어린이를 위한 체험학습 미운돌멩이'에서 제공해 주었습니다.

정답

여기서
잠깐!

11쪽

②번과 ⑤번

23쪽

(안)　　　　　(밖)

27쪽

(평상시)에는　(적군이 국경 근처에　(국경을 침범할 때)에는
1개　　　　　나타났을 때)에는 2개　4개

28쪽

❹

49쪽

② 안쪽으로 당긴다.

57쪽

❷백호

59쪽

①번-둥글다, ②번-네모지다

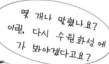
몇 개나 맞혔나요?
이런, 다시 수원화성에
가 봐야겠다고요?

나는 수원화성 박사!

① 화성 성곽의 이름을 알아맞혀 보세요.

❶ (화서문)　❷ (장안문)　❸ (창룡문)

❹ (화성행궁) ❺ (화령전)　❻ (팔달문)　❼ (수원천)

② 알맞은 것끼리 연결하세요.

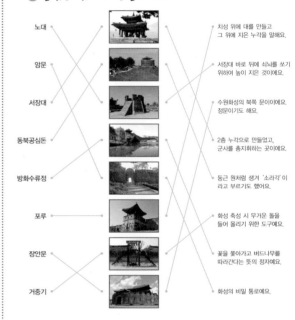

노대 — 치성 위에 대를 만들고 그 위에 지은 누각을 말해요.

암문 — 서장대 바로 뒤에 쇠뇌를 쏘기 위하여 높이 지은 것이에요.

서장대 — 수원화성의 북쪽 문이이에요. 정문이기도 해요.

동북공심돈 — 2층 누각으로 만들었고, 군사를 총지휘하는 곳이에요.

방화수류정 — 둥근 원처럼 생겨 '소라각' 이라고 부르기도 했어요.

포루 — 화성 축성 시 무거운 돌을 들어 올리기 위한 도구예요.

장안문 — 꽃을 쫓아가고 버드나무를 따라간다는 뜻의 정자예요.

거중기 — 화성의 비밀 통로예요.

④ 가상 뉴스를 읽고 질문에 대답해 보세요.

　만약 정조가 예정대로 수원화성에서 자신의 뜻을 담아 정치를 펼쳤다면 조선의 역사는 좀 더 길어졌을 것이다. 똑똑한 사람들을 골고루 쓰면서 정정당당하게 정치를 해서 백성들이 만족했을 것이다. 정조와 실학자들이 힘을 모아 좀 더 살기좋은 조선이 되었을 것 같다.

⑤ 십자말풀이를 해 보세요.

공	사	실	명	판			여	장
	도					옹		용
	세		수	원	화	성		영
	자				홍			
		동		암	문			
		장	안	문		유	수	부
적	대					형		
					거	중	기	

사진

김원미   27p(융릉), 28p(용주사 대웅보전), 60p(일본의 히메지 성)

신희경   60p(프랑스의 샹보르 성)

본문에 수록된 나머지 사진은 **김준혁, 이용창(화성연구회)** 님이 제공해 주었습니다.

초등학교 교과서와 관련된 학년별 현장 체험학습 추천 장소

1학년 1학기 (21곳)	1학년 2학기 (18곳)	2학년 1학기 (21곳)	2학년 2학기 (25곳)	3학년 1학기 (31곳)	3학년 2학기 (37곳)
철도박물관	농촌 체험	소방서와 경찰서	소방서와 경찰서	경희대자연사박물관	IT월드(과천정보나라)
소방서와 경찰서	광릉	서울대공원 동물원	서울대공원 동물원	광릉수목원	강원도
시민안전체험관	홍릉 산림과학관	농촌 체험	강릉단오제	국립민속박물관	경희대자연사박물관
천마산	소방서와 경찰서	천마산	천마산	국립서울과학관	광릉수목원
서울대공원 동물원	월드컵공원	남산골 한옥마을	월드컵공원	국립중앙박물관	국립경주박물관
농촌 체험	시민안전체험관	한국민속촌	남산골 한옥마을	기상청	국립고궁박물관
코엑스 아쿠아리움	서울대공원 동물원	국립서울과학관	한국민속촌	서대문자연사박물관	국립국악박물관
선유도공원	우포늪	서울숲	농촌 체험	선유도공원	국립부여박물관
양재천	철새	갯벌	서울숲	시장 체험	국립서울과학관
한강	코엑스 아쿠아리움	양재천	양재천	신문박물관	남산
에버랜드	짚풀생활사박물관	동굴	선유도공원	경상북도	남산골 한옥마을
서울숲	국악박물관	고성 공룡박물관	불국사와 석굴암	양재천	롯데월드민속박물관
갯벌	천문대	코엑스 아쿠아리움	국립중앙박물관	경기도	국립민속박물관
고성 공룡박물관	자연생태박물관	옹기민속박물관	국립민속박물관	이화여대자연사박물관	삼성어린이박물관
서대문자연사박물관	세종문화회관	기상청	전쟁기념관	전쟁기념관	서대문자연사박물관
옹기민속박물관	예술의 전당	시장 체험	판소리	천마산	선유도공원
어린이 교통공원	어린이대공원	에버랜드	DMZ	한강	소방서와 경찰서
어린이 도서관	서울놀이마당	경복궁	시장 체험	화폐금융박물관	시민안전체험관
서울대공원		강릉단오제	광릉	호림박물관	경상북도
남산자연공원		몽촌역사관	홍릉 산림과학관	홍릉 산림과학관	월드컵공원
삼성어린이박물관		국립현대미술관	국립현충원	우포늪	육군사관학교
			국립4·19묘지	소나무 극장	해군사관학교
			지구촌민속박물관	예지원	공군사관학교
			우정박물관	자운서원	철도박물관
			한국통신박물관	서울타워	이화여대자연사박물관
				국립중앙과학관	제주도
				엑스포과학공원	천마산
				올림픽공원	천문대
				전라남도	태백석탄박물관
				경상남도	판소리박물관
				허준박물관	한국민속촌
					임진각
					오두산 통일전망대
					한국천문연구원
					종이미술박물관
					짚풀생활사박물관
					토탈야외미술관

4학년 1학기 (34곳)	4학년 2학기 (56곳)	5학년 1학기 (35곳)	5학년 2학기 (51곳)	6학년 1학기 (36곳)	6학년 2학기 (31곳)
강화도	IT월드 (과천정보나라)	갯벌	IT월드 (과천정보나라)	경기도박물관	IT월드 (과천정보나라)
갯벌	강화도	광릉수목원	강원도	경복궁	KBS 방송국
경희대자연사박물관	경기도박물관	국립민속박물관	경기도박물관	덕수궁과 정동	경기도박물관
광릉수목원	경복궁 / 경상북도	국립중앙박물관	경복궁	경상북도	경복궁
국립서울과학관	경주역사유적지구	기상청	덕수궁과 정동	고성 공룡박물관	경희대자연사박물관
기상청	경희대자연사박물관	남산골 한옥마을	경상북도	국립민속박물관	광릉수목원
농촌 체험	고창, 화순, 강화 고인돌유적	농업박물관	경희대자연사박물관	국립서울과학관	국립민속박물관
서대문자연사박물관	전라북도	농촌 체험	고인쇄박물관	국립중앙박물관	국립중앙박물관
서대문형무소역사관	고성공룡박물관	서울국립과학관	충청도	농업박물관	국회의사당
서울역사박물관	충청도	서울대공원 동물원	광릉수목원	롯데월드민속박물관	기상청
소방서와 경찰서	국립경주박물관	서울숲	국립공주박물관	몽촌토성과 풍납토성	남산
수원화성	국립민속박물관	서울시청	국립경주박물관	민주화현장	남산골 한옥마을
시장 체험	국립부여박물관	서울역사박물관	국립고궁박물관	백범기념관	대법원
경상북도	국립서울과학관	시민안전체험관	국립민속박물관	서대문자연사박물관	대학로
양재천	국립중앙박물관	경상북도	국립서울과학관	서대문형무소 역사관	민주화현장
옹기민속박물관	국립국악박물관 / 남산	양재천	국립중앙박물관	서울역사박물관	백범기념관
월드컵공원	남산골 한옥마을	강원도	남산골 한옥마을	조선의 왕릉	아인스월드
철도박물관	농업박물관 / 대법원	월드컵공원	농업박물관	성균관	서대문자연사박물관
이화여대자연사박물관	대학로	유명산	롯데월드민속박물관	시민안전체험관	국립서울과학관
천마산	롯데월드민속박물관	제주도	충청도	경상북도	서울숲
천문대	몽촌토성과 풍납토성	짚풀생활사박물관	서대문자연사박물관	암사동 선사주거지	신문박물관
철새	불국사와 석굴암	천마산	성균관	운현궁과 인사동	양재천
홍릉 산림과학관	서대문자연사박물관	한강	세종대왕기념관	전쟁기념관	월드컵공원
화폐금융박물관	서울대공원 동물원	한국민속촌	수원화성	천문대	육군사관학교
선유도공원	서울숲	호림박물관	시민안전체험관	철새	이화여대자연사박물관
독립공원	서울역사박물관	홍릉 산림과학관	시장 체험 / 신문박물관	청계천	중남미박물관
탑골공원	조선의 왕릉	하회마을	경기도	짚풀생활사박물관	짚풀생활사박물관
신문박물관	세종대왕기념관	대법원	강원도	태백석탄박물관	창덕궁
서울시의회	수원화성	김치박물관	경상북도	해인사 고려대장경과 장경판전	천문대
선거관리위원회	승정원 일기 / 양재천	난지하수처리사업소	옹기민속박물관	호림박물관	우포늪
소양댐	옹기민속박물관	농촌, 어촌, 산촌 마을	운현궁과 인사동	유니세프 한국위원회	판소리박물관
서남하수처리사업소	월드컵공원	들꽃수목원	육군사관학교	무령왕릉	한강
중랑구재활용센터	육군사관학교	정보나라	이화여대자연사박물관	현충사	홍릉 산림과학관
중랑하수처리사업소	철도박물관	드림랜드	전라북도	덕포진교육박물관	화폐금융박물관
	이화여대자연사박물관	국립극장	전쟁박물관	서울대학교 의학박물관	훈민정음
	조선왕조실록 / 종묘		창경궁 / 천마산	상수허브랜드	상수도연구소
	종묘제례		천문대		한국자원공사
	창경궁 / 창덕궁		태백석탄박물관		동대문소방서
	천문대 / 청계천		한강		중앙119구조대
	태백석탄박물관		한국민속촌		
	판소리 / 한강		해인사 고려대장경과 장경판전		
	한국민속촌		화폐금융박물관		
	해인사 고려대장경과 장경판전		중남미문화원		
	호림박물관		첨성대		
	화폐금융박물관		절두산순교유적지		
	훈민정음		천도교 중앙대교장		
	온양민속박물관		한국에너지기술연구원		
	아인스월드		한국자수박물관		
			초전섬유퀼트박물관